改訂版

聞いて覚える中国語単語帳

キクタン

中国語

【慣用句編】

中級レベル

アルク

はじめに

「キクタン 中国語」シリーズとは

ベストセラー「キクタン」の中国語版

単語を聞いて覚える"「聞く」単語集"、すなわち「キクタン」。「キクタン」シリーズはアルクの英単語学習教材として始まりました。本シリーズは音楽のリズムに乗りながら楽しく語彙を学ぶ「チャンツ」という学習法を採用し、受験生からTOEIC®のスコアアップを狙う社会人まで、幅広いユーザーの支持を受けています。本書は、この「キクタン」をベースとし、中国語の慣用句を学ぶことを目的とした「キクタン中国語」です。

ネイティブがよく使う3文字の慣用句、試験対策にもなる

中国語の慣用句は、ネイティブ同士の会話の中で頻繁に使われています。その多くは比喩表現を含んでおり、伝えたい内容を簡潔に、分かりやすく表現することができる、とても便利なものです。本書はその中から、3文字（3音節）の慣用句に限定し、ネイティブが特によく使うものを選び出して収載しています。本書をしっかりと学習すれば、豊かな表現力を身に付けることができるでしょう。

見出し語を厳選するに当たり、中国語検定試験（以下、中検）の過去問題も参考にしました。中検2級以上の試験では、慣用句に関する問題が出題されることがあるので、試験対策として本書を活用することもできます。

だから「ゼッタイに覚えられる」!

本書の**4**大特長

1 断片的にしか学べなかった慣用句が一堂に！

これまでの学習書の中では、断片的に紹介されることが多かった慣用句をコンパクトにまとめました。会話のレベルアップや試験対策に役立つ392の慣用句が効率よく学べます。

2 生活スタイルで選べる「モード学習」を用意！

毎日同じ学習時間を確保するのは、忙しいときには難しいものです。本書はCheck1〜Check3の3つのチェックポイントごとに学習できる「モード学習」を用意しています。生活スタイルやその日の忙しさに合わせて学習分量を調整することができるので、自分のペースで学習を進めていくことができます。

3 「耳」と「目」をフル活用して覚える！

音楽のリズムに乗りながら楽しく慣用句の学習ができる「チャンツ」を用意しました。「耳」と「目」から同時にインプットすることで定着度がアップし、難しい慣用句もしっかりと身に付けることができます。また、「聞いて意味が分かる」だけでなく、ピンインまでしっかりマスターできる教材を目指しました。

4 1日8つ、7週間のカリキュラム学習！

1日にたくさん覚えようと無理をして、途中で続かなくなってしまったという経験がある人も多いのではないでしょうか。本書では「ゼッタイに覚える」ことを目指して、学習する慣用句の数を1日8つ（見出し語）に抑えています。7週間、計49日の「カリキュラム学習」ですので、ペースをつかみながら、効率的・効果的に慣用句を身に付けていくことができます。

本書とダウンロード音声の利用法

1日の学習量は2ページ、学習する慣用句の数は8つです。

見出し語
この日に学習する8つがピンインと一緒に掲載されています。

定義
赤字は最も一般的に用いられる定義です。チャンツ音声ではこの赤字を読み上げています。

Check 1 〜 Check 3
3つのチェックポイントの具体的な内容はp.6をご覧ください。

慣用句のタイプ
本書では、慣用句を「動目」「名詞」「その他」の3つのタイプに分けて紹介しています。「動目」は動詞+目的語の形の慣用句、「名詞」は文中で名詞として扱われる慣用句、「その他」はそれ以外の形の慣用句を指します。

1日目　動目

Check 1 ⇒ Check 2　　　　　　　　　　　　　　　🎧 01

□ 001	
吹牛皮 chuī niúpí	ほらを吹く 類 吹大牛 chuī dàniú

□ 002	
犯牛劲 fàn niújìn	意地を張る、強情を張る

□ 003	
钻牛角 zuān niújiǎo	つまらないことにこだわる、融通が利かない、価値のないことに力を費やす

□ 004	
露马脚 lòu mǎjiǎo	馬脚を現す、しっぽを出す 類 露破绽 lòu pòzhàn

□ 005	
拍马屁 pāi mǎpì	ごまをする、お世辞を言う⇒コラム 類 抬轿子 tái jiàozi 　　献殷勤 xiàn yīnqín cf. 196 舔屁股 tiǎn pìgu

□ 006	
拉下马 lāxià mǎ	（ある地位から）引きずり降ろす

□ 007	
拉下水 lāxià shuǐ	悪事に巻き込む、泥沼に引きずり込む

□ 008	
拉关系 lā guānxi	コネをつける、関係を利用する

語注
類 類義語　反 反義語
関 関連語
※余裕のある人は、類義語・反義語・関連語もしっかり学習しましょう。p.150〜152には類義語・反義語Check! があります。
cf. : 同じ意味、近い意味の見出し語がある場合、見出し語番号とともに示しています。

本書の慣用句とピンイン表記について

① 本書では、「慣用句」を中国で慣用されている特別な言い回しの総称として扱っています。

② 本書のピンイン表記は原則として《現代漢語詞典》(商務印書館) 第七版に基づいています。

③ "一" "不" は変調後の声調にしています。

④ 第3声が連続する場合の声調の変化については、本来の声調で表記しました。

音声トラック番号
チャンツ、例文ともに
1日分を1つのトラックに
収めています。

1
週目

2
週目

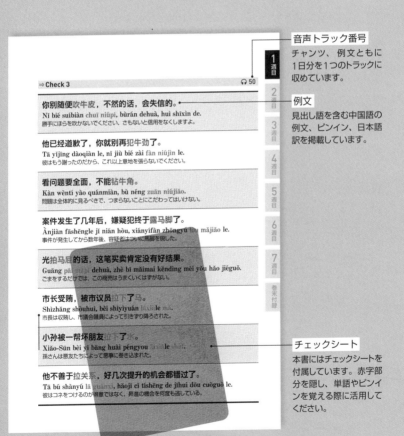

⇒ Check 3　　　　　　　　　　🎧 50

你别随便吹牛皮，不然的话，会失信的。
Nǐ bié suíbiàn chuī niúpí, bùrán dehuà, huì shīxìn de.
勝手にほらを吹かないでください、さもないと信用をなくしますよ。

他已经道歉了，你就别再犯牛劲了。
Tā yǐjīng dàoqiàn le, nǐ jiù bié zài fàn niújìn le.
彼はもう謝ったのだから、これ以上意地を張らないでください。

看问题要全面，不能钻牛角。
Kàn wèntí yào quánmiàn, bù néng zuān niújiǎo.
問題は全体的に見るべきで、つまらないことにこだわってはいけない。

案件发生了几年后，嫌疑犯终于露马脚了。
Ànjiàn fāshēngle jǐ nián hòu, xiányífàn zhōngyú lòu mǎjiǎo le.
事件が発生してから数年後、容疑者はついに馬脚を現した。

光拍马屁的话，这笔买卖肯定没有好结果。
Guāng pāi mǎpì dehuà, zhè bǐ mǎimai kěndìng méi yǒu hǎo jiéguǒ.
ごまをするだけでは、この商売はうまくいくはずがない。

市长受贿，被市议员拉下了马。
Shìzhǎng shòuhuì, bèi shìyìyuán lāxiàle mǎ.
市長は収賄し、市議会議員によって引きずり降ろされた。

小孙被一帮坏朋友拉下了水。
Xiǎo-Sūn bèi yì bāng huài péngyou lāxiàle shuǐ.
孫さんは悪友たちによって悪事に巻き込まれた。

他不善于拉关系，好几次提升的机会都错过了。
Tā bú shànyú lā guānxi, hǎojǐ cì tíshēng de jīhuì dōu cuòguò le.
彼はコネをつけるのが得意ではなく、昇進の機会を何度も逃している。

例文
見出し語を含む中国語の
例文、ピンイン、日本語
訳を掲載しています。

3
週目

4
週目

5
週目

6
週目

7
週目

巻末付録

チェックシート
本書にはチェックシートを
付属しています。赤字部
分を隠し、単語やピンイ
ンを覚える際に活用して
ください。

Check1 🎧

該当の音声トラックを呼び出し、見出し語とその定義をチェック！
時間に余裕のある人は、語注の内容も押さえましょう。

Check2 🎧

ピンインチェックに挑戦！ 聞き取るコツは「ピンイン」から音を
「イメージ」すること。音声を一緒に聞けば効果アップ！

Check3 🎧

見出し語を含む例文をチェック！ 実践的な例に触れることで、
理解度が高まります。

生活スタイル別 3つの学習モード

●聞くだけモード

Check 1

音声を聞き流すだけ！ チェックシートで、定義
が身に付いているかを確認。◆学習時間の目安：
1日5分

●しっかりモード

Check 1 ⇒ Check 2

ピンインもマスター！ チェックシートで、ピンイ
ンをきちんと覚えているかを確認。◆学習時間
の目安：1日10分

●完ぺきモード

Check 1 ⇒ Check 2 ⇒ Check 3

やるからには完ぺきに！ 訳を参照しながら、チェッ
クシートで隠されている慣用句がすぐに浮かん
でくるかを確認。◆学習時間の目安：1日20分

※学習時間はあくまでも目安です。時間に余裕
があるときは、内容を繰り返し、なるべく多
く学習語彙に触れるように心がけましょう。

Review

各週の終わりに掲載。その週に
取り上げた慣用句を五十音順に
並べたチェックリストです。復習
に活用してください。ある程度
覚えてきたら、チェックシートで
慣用句などを隠して取り組んで
みましょう。

類義語・反義語 Check!

巻末のp.150～152に掲載。見
出し語の類義語、反対語を確認
する練習問題です。3つの選択
肢から正解を選ぶものですが、
学習が進んできたらチェックシー
トで選択肢を隠して取り組んでみ
ましょう。

音声の構成

本書では「見出し語」（チャンツ）と「例文」の音声は以下のような構成になっています。

■ 見出し語

チャンツに乗せて「中国語　→　日本語（定義）→中国語」の
パターンで読んでいます。

中国語
捞油水
→
日本語
甘い汁を吸う
→
中国語
捞油水

■ 例文

読み上げ音声を「中国語の見出し語　→日本語（定義）→　中国語例文」の
パターンで収録しています。（チャンツ形式ではありません）

中国語
捞油水
→
日本語
甘い汁を吸う
→
中国語例文
那个人到哪儿都想
捞油水。

音声ダウンロードについて

本書の音声は無料でダウンロードしていただけます。
商品コードは「7024028」です。

パソコンでダウンロードする場合

以下の URL で「アルク・ダウンロードセンター」にアクセスの上、画面の指示に従って、音声ファイルをダウンロードしてください。
【URL】https://portal-dlc.alc.co.jp/

スマートフォンでダウンロードする場合

QRコードから学習用アプリ「booco」をインストール（無料）の上、ホーム画面下「さがす」から本書を検索し、音声ファイルをダウンロードしてください。
【URL】https://booco.page.link/4zHd

※本サービスの内容は、予告なく変更する場合がございます。あらかじめご了承ください。

目次

1日8つ、7週間で3文字の慣用句392をマスター！

キクタン中国語
1 週目

✓ 学習したらチェック！

Check 1 ⇒ Check 2　　　　　　　　　　　　　　　　🎧 01

□ 001
吹牛皮
chuī niúpí

ほらを吹く
類 吹大牛 chuī dàniú

□ 002
犯牛劲
fàn niújìn

意地を張る、強情を張る

□ 003
钻牛角
zuān niújiǎo

つまらないことにこだわる、融通が利か
ない、価値のないことに力を費やす

□ 004
露马脚
lòu mǎjiǎo

馬脚を現す、しっぽを出す
類 露破绽 lòu pòzhàn

□ 005
拍马屁
pāi mǎpì

ごまをする、お世辞を言う⇒コラム
類 抬轿子 tái jiàozi
　　献殷勤 xiàn yīnqín
cf. 196 舔屁股 tiǎn pìgu

□ 006
拉下马
lāxià mǎ

（ある地位から）引きずり降ろす

□ 007
拉下水
lāxià shuǐ

悪事に巻き込む、泥沼に引きずり込む

□ 008
拉关系
lā guānxi

コネをつける、関係を利用する

你别随便吹牛皮，不然的话，会失信的。

Nǐ bié suíbiàn chuī niúpí, bùrán dehuà, huì shīxìn de.

勝手にほらを吹かないでください、さもないと信用をなくしますよ。

他已经道歉了，你就别再犯牛劲了。

Tā yǐjīng dàoqiàn le, nǐ jiù bié zài fàn niújìn le.

彼はもう謝ったのだから、これ以上意地を張らないでください。

看问题要全面，不能钻牛角。

Kàn wèntí yào quánmiàn, bù néng zuān niújiǎo.

問題は全体的に見るべきで、つまらないことにこだわってはいけない。

案件发生了几年后，嫌疑犯终于露马脚了。

Ànjiàn fāshēngle jǐ nián hòu, xiányífàn zhōngyú lòu mǎjiǎo le.

事件が発生してから数年後、容疑者はついに馬脚を現した。

光拍马屁的话，这笔买卖肯定没有好结果。

Guāng pāi mǎpì dehuà, zhè bǐ mǎimai kěndìng méi yǒu hǎo jiéguǒ.

ごまをするだけでは、この商売はうまくいくはずがない。

市长受贿，被市议员拉下了马。

Shìzhǎng shòuhuì, bèi shìyìyuán lāxiàle mǎ.

市長は収賄し、市議会議員によって引きずり降ろされた。

小孙被一帮坏朋友拉下了水。

Xiǎo-Sūn bèi yì bāng huài péngyou lāxiàle shuǐ.

孫さんは悪友たちによって悪事に巻き込まれた。

他不善于拉关系，好几次提升的机会都错过了。

Tā bú shànyú lā guānxi, hǎojǐ cì tíshēng de jīhuì dōu cuòguò le.

彼はコネをつけるのが得意ではなく、昇進の機会を何度も逃している。

Check 1 ⇒ Check 2　　　　　　　　　　　　　　🎧 02

□ 009

拉交情
lā jiāoqing

取り入る、機嫌を取る、関係をつける
cf. 314 套近乎 tào jìnhu

□ 010

拉后腿
lā hòutuǐ

足を引っ張る、人の邪魔をする
類 扯后腿 chě hòutuǐ
　　拖后腿 tuō hòutuǐ

□ 011

留后手
liú hòushǒu

ゆとりを残す、余力を残す、後で手が打てるようにしておく
関 留一手 liú yìshǒu（奥の手を出さない）

□ 012

留后路
liú hòulù

逃げ道を残す、引っ込みがつくようにしておく

□ 013

走弯路
zǒu wānlù

回り道をする、無駄なことに時間を費やす

□ 014

走老路
zǒu lǎolù

古いやり方でやる、いつものやり方でやる

□ 015

抄近路
chāo jìnlù

近道をする

□ 016

轧马路
yà mǎlù

（恋人と）街をぶらぶらする

你请他吃顿饭，拉拉交情怎么样？

Nǐ qǐng tā chī dùn fàn, lāla jiāoqing zěnmeyàng?

彼にごちそうして、機嫌を取ってみたらどうですか。

你放心吧，我绝不拉你的后腿。

Nǐ fàngxīn ba, wǒ jué bù lā nǐ de hòutuǐ.

安心してください、わたしは決してあなたの足を引っ張りません。

好师傅教徒弟技术时，从不留后手。

Hǎo shīfu jiāo túdi jìshù shí, cóng bù liú hòushǒu.

良い師匠が弟子に技術を教えるときは、出し惜しみしない。

我们转让技术时，得给自己留条后路，核心内容要保密。

Wǒmen zhuǎnràng jìshù shí, děi gěi zìjǐ liú tiáo hòulù, héxīn nèiróng yào bǎomì.

われわれは技術移転の際、逃げ道を残すべきで、核心部分を教えてはならない。

他年轻时走过很多弯路，可是现在成了一个优秀的科学家。

Tā niánqīng shí zǒuguo hěn duō wānlù, kěshì xiànzài chéngle yí ge yōuxiù de kēxuéjiā.

彼は若いころ回り道をたくさんしたが、今では優秀な科学者になった。

我们不能光走老路，要不断开拓新的方法。

Wǒmen bù néng guāng zǒu lǎolù, yào búduàn kāituò xīn de fāngfǎ.

われわれは古いやり方ばかりしていてはダメで、絶えず新しいやり方を開拓しなければならない。

咱们抄近路，半个小时就能到。

Zánmen chāo jìnlù, bàn ge xiǎoshí jiù néng dào.

わたしたちは近道をすれば、30分で着ける。

傍晚，有很多情侣在外滩轧马路。

Bàngwǎn, yǒu hěn duō qínglǚ zài Wàitān yà mǎlù.

夕方、たくさんのカップルがバンド［上海の地名］でぶらぶらしている。

□ 017

打主意
dǎ zhǔyi

①利用しようと目を付ける
②方法を考える

□ 018

打交道
dǎ jiāodao

付き合う、交際する

□ 019

打官司
dǎ guānsi

訴訟を起こす、裁判で争う

□ 020

打包票
dǎ bāopiào

保証する
類 打保票 dǎ bǎopiào
cf. 184 拍胸脯 pāi xiōngpú

□ 021

打圆场
dǎ yuánchǎng

丸く収める、仲裁する

□ 022

打掩护
dǎ yǎnhù

悪者をかばう、悪事を隠す

□ 023

打折扣
dǎ zhékòu

手を抜く

□ 024

打官腔
dǎ guānqiāng

しゃくし定規なことを言う、決まり文句
を並べる
類 耍官腔 shuǎ guānqiāng

这个诈骗犯专打老年人的主意，骗走了他们多年的积蓄。

Zhège zhàpiànfàn zhuān dǎ lǎoniánrén de zhǔyi, piànzǒule tāmen duō nián de jīxù.

この詐欺師はお年寄りばかりを狙い、彼らが長年かけて貯めたお金をだまし取った。

我和他打了三十多年交道，我最了解他。

Wǒ hé tā dǎle sānshí duō nián jiāodao, wǒ zuì liǎojiě tā.

わたしと彼は30年来の付き合いで、わたしが一番彼を理解しています。

近几年雇员和雇主打官司的事越来越多了。

Jìn jǐ nián gùyuán hé gùzhǔ dǎ guānsi de shì yuè lái yuè duō le.

ここ数年、労働者が雇い主を訴えることがますます多くなってきた。

这件事肯定没问题，我敢打包票。

Zhè jiàn shì kěndìng méi wèntí, wǒ gǎn dǎ bāopiào.

このことは全く問題ありません、わたしが保証します。

我不想把和他的关系搞糟，你帮我打打圆场。

Wǒ bù xiǎng bǎ hé tā de guānxi gǎozāo, nǐ bāng wǒ dǎda yuánchǎng.

わたしは彼との関係を悪化させたくないので、あなたに丸く収めてもらいたい。

明明是她的错，你为什么为她打掩护？

Míngmíng shì tā de cuò, nǐ wèi shénme wèi tā dǎ yǎnhù?

明らかに彼女が悪いのに、どうして彼女をかばうのですか。

她特别认真，工作从不打折扣。

Tā tèbié rènzhēn, gōngzuò cóng bù dǎ zhékòu.

彼女はとてもまじめで、仕事で手を抜いたことがない。

没想到老同学竟跟我打官腔，把我拒之门外。

Méi xiǎngdào lǎotóngxué jìng gēn wǒ dǎ guānqiāng, bǎ wǒ jù zhī mén wài.

昔の同級生がわたしにしゃくし定規なことを言って、門前払いするとは思いもしなかった。

Check 1 ⇒ Check 2　　　　　　　　　　　🎧 04

□ 025

喝墨水
hē mòshuǐ

学校で勉強する

□ 026

挤油水
jǐ yóushui

利益を搾り取る、上前をはねる
類 榨油水 zhà yóushui

□ 027

捞油水
lāo yóushui

甘い汁を吸う、不当な手段で利益を得る
類 捞一把 lāo yì bǎ

□ 028

泼冷水
pō lěngshuǐ

水を差す、興を冷ます
類 泼凉水 pō liángshuǐ

□ 029

夸海口
kuā hǎikǒu

大口をたたく、大ぼらを吹く
類 放大炮 fàng dàpào
　　说大话 shuō dàhuà

□ 030

赶潮流
gǎn cháoliú

時流に乗る、時勢に従う
類 赶浪头 gǎn làngtou

□ 031

吃瓦片ル
chī wǎpiànr

家賃収入で暮らす

□ 032

没架子
méi jiàzi

偉そうにしない、威張らない

我没喝过几年墨水，所以写不了长文章。

Wǒ méi hēguo jǐ nián mòshuǐ, suǒyǐ xiěbuliǎo cháng wénzhāng.

わたしはあまり学校で勉強したことがないので、長い文章は書けません。

有些私企老板，想方设法挤员工的油水。

Yǒuxiē sīqǐ lǎobǎn, xiǎng fāng shè fǎ jǐ yuángōng de yóushui.

一部の私営企業の社長は、あの手この手で従業員から上前をはねている。

那个人到哪儿都想捞油水。

Nàge rén dào nǎr dōu xiǎng lāo yóushui.

あの人はどこに行っても甘い汁を吸おうとする。

他那么认真地说要考研，你就别再泼冷水了。

Tā nàme rènzhēn de shuō yào kǎoyán, nǐ jiù bié zài pō lěngshuǐ le.

彼はあんなに真剣に大学院を受験したいと言っているのだから、もう水を差すのはやめなさい。

他喜欢夸海口，你别轻信。

Tā xǐhuan kuā hǎikǒu, nǐ bié qīngxìn.

彼はよく大口をたたくので、簡単に信用しないでください。

她赶潮流，追韩国的明星。

Tā gǎn cháoliú, zhuī Hánguó de míngxīng.

彼女はブームに乗って、韓国のスターを追いかけている。

老赵退休以后买了好几间房子，现在吃瓦片儿，无忧无虑。

Lǎo-Zhào tuìxiū yǐhòu mǎile hǎojǐ jiān fángzi, xiànzài chī wǎpiànr, wú yōu wú lù.

趙さんは定年後に何軒も家を買い、今は家賃収入で暮らしていて、何の心配もない。

郑局长一点儿都没架子，所以他受到了大家的尊敬。

Zhèng júzhǎng yìdiǎnr dōu méi jiàzi, suǒyǐ tā shòudàole dàjiā de zūnjìng.

鄭局長は少しも偉そうにしないので、みんなから尊敬されている。

1週目 2週目 3週目 4週目 5週目 6週目 7週目 巻末付録

| □ 033 **铁公鸡**
tiěgōngjī | けちな人、けちん坊 |

| □ 034 **落汤鸡**
luòtāngjī | ぬれねずみ、ずぶぬれ |

| □ 035 **变色龙**
biànsèlóng | すぐに意見を変える人、ご都合主義者 |

| □ 036 **老狐狸**
lǎohúli | 古だぬき、ずる賢い人 |

| □ 037 **替罪羊**
tìzuìyáng | スケープゴート、他人の罪を負わされて身代わりになる人
類 替死鬼 tìsǐguǐ |

| □ 038 **拦路虎**
lánlùhǔ | 邪魔物、障害物、困難
類 挡路虎 dǎnglùhǔ |

| □ 039 **秋老虎**
qiūlǎohǔ | （立秋後の）厳しい残暑 |

| □ 040 **纸老虎**
zhǐlǎohǔ | 張り子の虎、見かけ倒し |

老张是个铁公鸡，你别想让他请客。

Lǎo-Zhāng shì ge tiěgōngjī, nǐ bié xiǎng ràng tā qǐngkè.

張さんはけちな人なので、彼にごちそうしてもらおうなんて思わない方がいい。

昨天我忘了带雨伞，被浇成了落汤鸡。

Zuótiān wǒ wàngle dài yǔsǎn, bèi jiāochéngle luòtāngjī.

昨日傘を持っていくのを忘れて、ずぶぬれになった。

他是个变色龙，在公司里一点儿威望也没有。

Tā shì ge biànsèlóng, zài gōngsī li yìdiǎnr wēiwàng yě méi yǒu.

彼はすぐに意見を変えるので、会社では少しも威信がない。

我差点儿上了那个老狐狸的当。

Wǒ chàdiǎnr shàngle nàge lǎohúli de dàng.

わたしは危うくあの古だぬきにだまされるところだった。

不知谁偷了公司的资料，小李成了替罪羊。

Bù zhī shéi tōule gōngsī de zīliào, Xiǎo-Lǐ chéngle tìzuìyáng.

誰が会社の資料を盗んだかは不明だが、李さんがスケープゴートにされた。

交通不便是妨碍我县发展的拦路虎。

Jiāotōng búbiàn shì fáng'ài wǒ xiàn fāzhǎn de lánlùhǔ.

交通が不便なのはわが県の発展を妨げる障害である。

都十月了，秋老虎却还这么厉害。

Dōu shíyuè le, qiūlǎohǔ què hái zhème lìhai.

もう10月だというのに、残暑がまだこんなに厳しい。

他是只纸老虎，老婆不在时什么都敢说，老婆在时一句话都没了。

Tā shì zhī zhǐlǎohǔ, lǎopo bú zài shí shénme dōu gǎn shuō, lǎopo zài shí yí jù huà dōu méi le.

彼は張り子の虎で、奥さんがいないときは何でも言うが、奥さんがいるとひと言も話さない。

Check 1 ⇒ Check 2 🎧 06

□ 041
直肠子
zhíchángzi

一本気な人、裏表のない人

□ 042
热心肠
rèxīncháng

①親切な性格 ②親切な人
関 心肠软 xīncháng ruǎn（優しい）

□ 043
贴心人
tiēxīnrén

最も親しい人、気心の知れた人、心が通い合っている人

□ 044
定心丸
dìngxīnwán

（人を）安心させる言葉（や行動）
関 开心丸 kāixīnwán、
　　宽心丸 kuānxīnwán（慰めの言葉）

□ 045
压台戏
yātáixì

最後の演目、トリ
類 压轴戏 yāzhòuxì

□ 046
独角戏
dújiǎoxì

孤軍奮闘、大勢でやることを1人でこなすこと

□ 047
对台戏
duìtáixì

張り合うこと、向こうを張ること

□ 048
恶作剧
èzuòjù

悪ふざけ、いたずら

她是个直肠子，说话直来直去。

Tā shì ge zhíchángzi, shuōhuà zhí lái zhí qù.

彼女は一本気な人で、ストレートにものを言う。

小梁是个热心肠，她不会不帮你的。

Xiǎo-Liáng shì ge rèxīncháng, tā bú huì bù bāng nǐ de.

梁さんは親切なので、あなたを助けないはずはない。

老王是他的同事，也是他的贴心人。

Lǎo-Wáng shì tā de tóngshì, yě shì tā de tiēxīnrén.

王さんは彼の同僚であり、最も親しい人でもある。

听了你这句话，我就像吃了定心丸。

Tīngle nǐ zhè jù huà, wǒ jiù xiàng chīle dìngxīnwán.

あなたのその話を聞いて、わたしは安心しました。

今天的卡拉OK比赛由小赵来唱压台戏。

Jīntiān de kǎlā OK bǐsài yóu Xiǎo-Zhào lái chàng yātáixì.

今日のカラオケコンクールは趙さんがトリを務める。

今天大家都请假了，我唱独角戏。

Jīntiān dàjiā dōu qǐngjià le, wǒ chàng dújiǎoxì.

今日はみんな休みを取っていて、わたしが孤軍奮闘している。

你不要跟我唱对台戏，不然不会有好果。

Nǐ búyào gēn wǒ chàng duìtáixì, bùrán bú huì yǒu hǎoguǒ.

わたしと張り合わないでください、さもないと良い結果になりませんよ。

这个孩子搞恶作剧，被妈妈训了一顿。

Zhège háizi gǎo èzuòjù, bèi māma xùnle yí dùn.

この子は悪ふざけをして、お母さんに叱られた。

1
週目

2
週目

3
週目

4
週目

5
週目

6
週目

7
週目

巻末付録

22 ▸ 23

□ 049

活见鬼
huójiànguǐ

ま か
摩訶不思議である

□ 050

乱弹琴
luàntánqín

でたらめなことをする、でたらめなことを言う

□ 051

瞎折腾
xiā zhēteng

むやみなことをする、無茶をする

□ 052

狗咬狗
gǒuyǎogǒu

悪人の内輪もめ、仲間内のけんか
類 窝里斗 wōlidòu

□ 053

干瞪眼
gāndèngyǎn

焦るばかりで手も足も出ない

□ 054

不要脸
búyàoliǎn

恥知らずである
cf. 097 癞皮狗 làipígǒu（恥知らず）

□ 055

老掉牙
lǎodiàoyá

古臭い、時代遅れである

□ 056

耳朵软
ěrduo ruǎn

（人の言葉を）簡単に信じる

1 週目
2 週目
3 週目
4 週目
5 週目
6 週目
7 週目
巻末付録

真是活见鬼，我的自行车怎么不见了？

Zhēn shì huójiànguǐ, wǒ de zìxíngchē zěnme bú jiàn le?

本当に摩訶不思議だ、わたしの自転車はどうして見当たらなくなったのだろう。

加班不给加班费，简直是乱弹琴。

Jiābān bù gěi jiābānfèi, jiǎnzhí shì luàntánqín.

残業しても残業代を払わないなんて、まったくとんでもない。

我们千万不能再瞎折腾了。

Wǒmen qiānwàn bù néng zài xiā zhēteng le.

われわれはもう決して行き当たりばったりにやってはならない。

他们是狗咬狗，你千万别参与。

Tāmen shì gǒuyǎogǒu, nǐ qiānwàn bié cānyù.

彼らは内輪もめをしているので、あなたは決して関わってはいけない。

看着别人买车炒股，打工族只能干瞪眼。

Kànzhe biéren mǎi chē chǎogǔ, dǎgōngzú zhǐ néng gāndèngyǎn.

人が車を買ったり株式投資をしたりしているのを、出稼ぎ族は指をくわえて見ているしかない。

你做出这种不要脸的事情，真让我失望。

Nǐ zuòchū zhè zhǒng búyàoliǎn de shìqing, zhēn ràng wǒ shīwàng.

君がこんな恥ずかしいことをするなんてがっかりだ。

我的自行车都老掉牙了，除了车铃以外哪儿都响。

Wǒ de zìxíngchē dōu lǎodiàoyá le, chúle chēlíng yǐwài nǎr dōu xiǎng.

わたしの自転車はもうおんぼろで、ベル以外はどの部分もガタガタだ。

她耳朵软，所以被人骗了好几次。

Tā ěrduo ruǎn, suǒyǐ bèi rén piànle hǎojǐ cì.

彼女は人の言葉を簡単に信用するので、何度もだまされた。

Review 1

今週学習した慣用句です。1週間の復習に役立ててください。
（　　）の中の数字は見出し語番号です。

☐ 悪事に巻き込む	拉下水	lāxià shuǐ	(007)
☐ 悪人の内輪もめ	狗咬狗	gǒuyǎogǒu	(052)
☐ 足を引っ張る	拉后腿	lā hòutuǐ	(010)
☐ 焦るばかりで手も足も出ない	干瞪眼	gāndèngyǎn	(053)
☐ 甘い汁を吸う	捞油水	lāo yóushui	(027)
☐ 安心させる言葉	定心丸	dìngxīnwán	(044)
☐ 意地を張る	犯牛劲	fàn niújìn	(002)
☐ 一本気な人	直肠子	zhíchángzi	(041)
☐ 偉そうにしない	没架子	méi jiàzi	(032)
☐ 大口をたたく	夸海口	kuā hǎikǒu	(029)
☐ 学校で勉強する	喝墨水	hē mòshuǐ	(025)
☐ 簡単に信じる	耳朵软	ěrduo ruǎn	(056)
☐ 厳しい残暑	秋老虎	qiūlǎohǔ	(039)
☐ けちな人	铁公鸡	tiěgōngjī	(033)

□ 孤軍奮闘　　　　　　　　　**独角戏**　dújiǎoxì (046)

□ コネをつける　　　　　　　**拉关系**　lā guānxi (008)

□ ごまをする　　　　　　　　**拍马屁**　pāi mǎpì (005)

□ 最後の演目　　　　　　　　**压台戏**　yātáixì (045)

□ しゃくし定規なことを言う　**打官腔**　dǎ guānqiāng (024)

□ 邪魔物　　　　　　　　　　**拦路虎**　lánlùhǔ (038)

□ 時流に乗る　　　　　　　　**赶潮流**　gǎn cháoliú (030)

□ 親切な性格　　　　　　　　**热心肠**　rèxīncháng (042)

□ すぐに意見を変える人　　　**变色龙**　biànsèlóng (035)

□ スケープゴート　　　　　　**替罪羊**　tìzuìyáng (037)

□ 訴訟を起こす　　　　　　　**打官司**　dǎ guānsi (019)

□ 近道をする　　　　　　　　**抄近路**　chāo jìnlù (015)

□ 付き合う　　　　　　　　　**打交道**　dǎ jiāodao (018)

□ つまらないことにこだわる　**钻牛角**　zuān niújiǎo (003)

Review 1

☐ でたらめなことをする	乱弹琴	luàntánqín (050)
☐ 手を抜く	打折扣	dǎ zhékòu (023)
☐ 取り入る	拉交情	lā jiāoqing (009)
☐ 逃げ道を残す	留后路	liú hòulù (012)
☐ ぬれねずみ	落汤鸡	luòtāngjī (034)
☐ 馬脚を現す	露马脚	lòu mǎjiǎo (004)
☐ 恥知らずである	不要脸	búyàoliǎn (054)
☐ 張り合うこと	对台戏	duìtáixì (047)
☐ 張り子の虎	纸老虎	zhǐlǎohǔ (040)
☐ 引きずり降ろす	拉下马	lāxià mǎ (006)
☐ 古いやり方でやる	走老路	zǒu lǎolù (014)
☐ 古臭い	老掉牙	lǎodiàoyá (055)
☐ 古だぬき	老狐狸	lǎohúli (036)
☐ 保証する	打包票	dǎ bāopiào (020)

□ ほらを吹く	吹牛皮	chuī niúpí	(001)
□ 摩訶不思議である	活见鬼	huójiànguǐ	(049)
□ 街をぶらぶらする	轧马路	yà mǎlù	(016)
□ 丸く収める	打圆场	dǎ yuánchǎng	(021)
□ 回り道をする	走弯路	zǒu wānlù	(013)
□ 水を差す	泼冷水	pō lěngshuǐ	(028)
□ むやみなことをする	瞎折腾	xiā zhēteng	(051)
□ 最も親しい人	贴心人	tiēxīnrén	(043)
□ 家賃収入で暮らす	吃瓦片儿	chī wǎpiànr	(031)
□ ゆとりを残す	留后手	liú hòushǒu	(011)
□ 利益を搾り取る	挤油水	jǐ yóushui	(026)
□ 利用しようと目を付ける	打主意	dǎ zhǔyi	(017)
□ 悪ふざけ	恶作剧	èzuòjù	(048)
□ 悪者をかばう	打掩护	dǎ yǎnhù	(022)

拍马屁

pāi mǎpì

"拍马屁 pāi mǎpì"の"拍 pāi"は「たたく」という意味で、"马屁 mǎpì"は文字通り「馬の尻」を指し、直訳は「馬の尻をたたく」となります。

その昔、騎馬民族であるモンゴル人同士が出会うと、互いに相手の馬の尻をたたいて「素晴らしい馬に乗っていますね」などと褒め合う習慣があったことから、"拍马屁"に「ごまをする、お世辞を言う」という意味が生まれたと言われています。今で言う、「いい車に乗っているね」「立派なお宅ですね」「その服すごく可愛いね」などの褒め言葉がこれに当たると言えるでしょう。昔から露骨に相手を褒めるのではなく、相手の持ち物などを褒める習慣があったようです。

世渡りには少なからず"拍马屁"が必要ですが、"拍马挨踢 pāi mǎ ái tī"(馬の尻をたたいて蹴られる)、つまり「ごまをすって、逆に相手の機嫌を損ねてしまう」という場合もあるので注意が必要です。

※慣用句の出自には諸説があります

→ "拍马屁 pāi mǎpì"の見出し語番号は005

キクタン中国語
2 週目

✔ 学習したらチェック！

---

1 週目

2 週目

3 週目

4 週目

5 週目

6 週目

7 週目

巻末付録

Check 1 ⇒ Check 2 🎧 08

□ 057

闹别扭
nào bièniu

①仲たがいする　②困らせる
cf. 187 撕破脸 sīpò liǎn

□ 058

找别扭
zhǎo bièniu

言いがかりをつける、嫌がらせをする

□ 059

找饭碗
zhǎo fànwǎn

職を探す

□ 060

砸饭碗
zá fànwǎn

職を失う
類 丢饭碗 diū fànwǎn

□ 061

炒冷饭
chǎo lěngfàn

同じことを繰り返す、新鮮味がない

□ 062

吃闲饭
chī xiánfàn

仕事や収入がない、無駄飯を食う、居候
をする
類 白吃饭 bái chī fàn

□ 063

吃喜糖
chī xǐtáng

結婚式に出席する
※"喜糖"は「結婚のときに配る祝いのアメ」
類 喝喜酒 hē xǐjiǔ
抽喜烟 chōu xǐyān

□ 064

吃皇粮
chī huángliáng

役所に勤める、国から給料をもらう
類 吃公粮 chī gōngliáng

那两口子十分恩爱，结婚二十年了，从来没闹过别扭。

Nà liǎngkǒuzi shífēn ēn'ài, jiéhūn èrshí nián le, cónglái méi nàoguo bièniu.

あの夫婦はとても仲むつまじく、結婚して20年たったが、これまでけんかをしたことがない。

因为我在班里最漂亮，所以她处处找我的别扭。

Yīnwei wǒ zài bān li zuì piàoliang, suǒyǐ tā chùchù zhǎo wǒ de bièniu.

わたしがクラスで一番きれいだから、彼女は何でもかんでも言いがかりをつけるんだわ。

现在不景气，找个饭碗特别难。

Xiànzài bù jǐngqì, zhǎo ge fànwǎn tèbié nán.

今は不景気で、職を探すのはとても難しい。

二〇〇八年经济危机时，很多人砸了饭碗。

Èr líng líng bā nián jīngjì wēijī shí, hěn duō rén zále fànwǎn.

2008年の経済危機のとき、多くの人が職を失った。

他每次讲话都炒冷饭，部下都听腻了。

Tā měi cì jiǎnghuà dōu chǎo lěngfàn, bùxià dōu tīngnì le.

彼の話は毎回同じ内容で、部下はみんな聞き飽きてしまった。

他大学毕业后，一直在家吃闲饭。

Tā dàxué bìyè hòu, yìzhí zài jiā chī xiánfàn.

彼は大学を卒業してから、ずっと家でぶらぶらしている。

小李，什么时候请我们吃喜糖啊？

Xiǎo-Lǐ, shénme shíhou qǐng wǒmen chī xǐtáng a?

李さん、いつ結婚式に呼んでくれるの。

我在私企工作，没有你们吃皇粮的那么稳定。

Wǒ zài sīqǐ gōngzuò, méiyou nǐmen chī huángliáng de nàme wěndìng.

わたしは私営企業で働いていて、役所勤めのあなたたちほど安定していません。

| □ 065 **吃豆腐** chī dòufu | （女性を）からかう、ちょっかいを出す |

□ 065

吃豆腐
chī dòufu

（女性を）からかう、ちょっかいを出す

□ 066

吃鸭蛋
chī yādàn

（試験や競技で）0点を取る
類 吃零蛋 chī língdàn

□ 067

吃错药
chīcuò yào

（頭が）おかしくなる、言動が常軌を逸する

□ 068

吃枪药
chī qiāngyào

食ってかかる、荒々しい言い方をする
※"枪药"は「火薬」

□ 069

吃小灶
chī xiǎozào

特別扱いされる、優遇される
反 开小灶 kāi xiǎozào（特別扱いする）

□ 070

开小差
kāi xiǎochāi

①気が散る　②サボる

□ 071

开夜车
kāi yèchē

（仕事や勉強のために）徹夜する、夜なべする

□ 072

开倒车
kāi dàochē

（時代や大勢に）逆行する、後退する

1週目

2週目

3週目

4週目

5週目

6週目

7週目

巻末付録

你这个坏家伙，竟敢吃我的豆腐。

Nǐ zhège huài jiāhuo, jìng gǎn chī wǒ de dòufu.

ひどい人ね、わたしをからかうなんて。

从小学到大学，我考试没吃过鸭蛋。

Cóng xiǎoxué dào dàxué, wǒ kǎoshì méi chīguo yādàn.

小学校から大学まで、わたしは試験で0点を取ったことがありません。

你看她的打扮，好像吃错了药。

Nǐ kàn tā de dǎban, hǎoxiàng chīcuòle yào.

彼女の格好を見てよ、頭がおかしくなったみたいだ。

你有话好好儿说，别像吃了枪药似的。

Nǐ yǒu huà hǎohāor shuō, bié xiàng chīle qiāngyào shìde.

話があるならきちんと言ってください、食ってかかるような言い方をしないで。

在中国绝大多数大学留学生都吃小灶。

Zài Zhōngguó jué dàduōshù dàxué liúxuéshēng dōu chī xiǎozào.

中国の大多数の大学では、留学生はみんな優遇されている。

上课时要认真听课，别开小差。

Shàngkè shí yào rènzhēn tīngkè, bié kāi xiǎochāi.

授業中はまじめに授業を聞きなさい、気を散らしてはいけません。

明天考试，今天我得开夜车。

Míngtiān kǎoshì, jīntiān wǒ děi kāi yèchē.

明日試験なので、今日は徹夜をしなければなりません。

那位政治家说："反对改革就是与时代开倒车。"

Nà wèi zhèngzhìjiā shuō: "Fǎnduì gǎigé jiù shì yǔ shídài kāi dàochē."

あの政治家は、「改革に反対することは時代に逆行することだ」と言っている。

□ 073
开玩笑
kāi wánxiào

冗談を言う、からかう、ふざける
類 打哈哈 dǎ hāha
　逗闷子 dòu mènzi

□ 074
开洋荤
kāi yánghūn

初めて経験する、目新しい体験をする
※"开荤"は「精進明けで肉食をすること」

□ 075
走后门
zǒu hòumén

コネを使う、裏取引をする
関 开后门 kāi hòumén（便宜を図る）

□ 076
爆冷门
bào lěngmén

番狂わせが起こる、思いもよらない結果が出る

□ 077
摆门面
bǎi ménmian

見栄を張る、うわべを飾る
類 撑门面 chēng ménmian
　讲排场 jiǎng páichang
cf. 253 摆摊子 bǎi tānzi

□ 078
凑份子
còu fènzi

（贈り物をするためなどに）お金を出し合う
類 出份子 chū fènzi

□ 079
凑热闹
còu rènao

①遊びの仲間に入る　②邪魔する

□ 080
看热闹
kàn rènao

やじ馬見物をする、高みの見物をする

我是和你开玩笑的，你别当真。

Wǒ shì hé nǐ kāi wánxiào de, nǐ bié dàngzhēn.

冗談を言っただけなので、本気にしないでください。

昨天我开洋荤，坐磁浮列车了。

Zuótiān wǒ kāi yánghūn, zuò cífú lièchē le.

昨日わたしは初めてリニアモーターカーに乗った。

现在就业特别难，走后门的现象也很严重。

Xiànzài jiùyè tèbié nán, zǒu hòumén de xiànxiàng yě hěn yánzhòng.

今は就職するのがとても難しく、コネを使って入社する現象も深刻化している。

昨天的花样滑冰比赛爆冷门了。

Zuótiān de huāyàng huábīng bǐsài bào lěngmén le.

昨日のフィギュアスケートの試合で番狂わせが起こった。

他们为了摆门面，每次请客都去大餐厅。

Tāmen wèile bǎi ménmian, měi cì qǐngkè dōu qù dà cāntīng.

彼らは見栄を張るために、客を招待するときはいつも大きなレストランへ行く。

小李结婚时，大家凑份子给她买了一块手表。

Xiǎo-Lǐ jiéhūn shí, dàjiā còu fènzi gěi tā mǎile yí kuài shǒubiǎo.

李さんが結婚したとき、みんなでお金を出し合って彼女に腕時計を買ってあげた。

听说你们今晚要打麻将，让我也来凑个热闹吧。

Tīngshuō nǐmen jīnwǎn yào dǎ májiàng, ràng wǒ yě lái còu ge rènao ba.

今晩マージャンをするそうですね、わたしも仲間に入れてください。

前边发生了交通事故，很多人在看热闹。

Qiánbian fāshēngle jiāotōng shìgù, hěn duō rén zài kàn rènao.

前方で交通事故が起きて、たくさんの人がやじ馬見物をしている。

Check 1 ⇒ Check 2　　　　　　　　　　　　　　🎧 11

□ 081

闹情绪
nào qíngxù

不機嫌になる、気持ちが腐る

□ 082

惹乱子
rě luànzi

騒動を引き起こす、面倒を引き起こす
類 捅娄子 tǒng lóuzi
　　闹乱子 nào luànzi

□ 083

见世面
jiàn shìmiàn

見聞を広める

□ 084

见上帝
jiàn Shàngdì

死ぬ、あの世へ行く
類 见阎王 jiàn Yánwang
　　上西天 shàng xītiān

□ 085

够朋友
gòu péngyou

友達がいがある
類 够交情 gòu jiāoqing

□ 086

搞对象
gǎo duìxiàng

交際する、恋愛をする
類 谈恋爱 tán liàn'ài

□ 087

管闲事
guǎn xiánshì

おせっかいを焼く、余計な世話を焼く

□ 088

解疙瘩
jiě gēda

わだかまりを解く

今年什么都涨价，工人们嫌工资太低，都在闹情绪。

Jīnnián shénme dōu zhǎngjià, gōngrénmen xián gōngzī tài dī, dōu zài nào qíngxù.　今年は何もかもが値上がりしていて、労働者は給料が安いことに不満を持ち、不機嫌になっている。

你父母都那么大年纪了，你别再惹乱子了。

Nǐ fùmǔ dōu nàme dà niánjì le, nǐ bié zài rě luànzi le.
あなたの両親はもう年なのだから、これ以上面倒をかけるのはやめなさい。

我想让孩子去国外留学，见见世面。

Wǒ xiǎng ràng háizi qù guówài liúxué, jiànjian shìmiàn.
わたしは子どもを海外留学に行かせて、見聞を広めさせたい。

上次的交通事故差点儿送他去见上帝。

Shàng cì de jiāotōng shìgù chàdiǎnr sòng tā qù jiàn Shàngdì.
この前の交通事故で、彼はもう少しであの世に行くところだった。

老孙特别够朋友，我的事情从来都是有求必应。

Lǎo-Sūn tèbié gòu péngyou, wǒ de shìqing cónglái dōu shì yǒu qiú bì yìng.
孫さんはとても友達がいがあり、いつもわたしの頼みを二つ返事で聞いてくれる。

听说王力在和李丽搞对象，打算明年三月结婚。

Tīngshuō Wáng Lì zài hé Lǐ Lì gǎo duìxiàng, dǎsuan míngnián sānyuè jiéhūn.
王力は李麗と付き合っていて、来年3月に結婚するそうだ。

我和谁交朋友跟你无关，你别管闲事。

Wǒ hé shéi jiāo péngyou gēn nǐ wúguān, nǐ bié guǎn xiánshì.
わたしが誰と付き合うかはあなたと関係ありません、余計な口出しをしないでください。

你出面帮他们把疙瘩解开，免得把事情闹大。

Nǐ chūmiàn bāng tāmen bǎ gēda jiěkāi, miǎnde bǎ shìqing nàodà.
事を大きくしないために、あなたが顔を出して彼らのわだかまりを解いてください。

□ 089
充好汉
chōng hǎohàn

格好をつける、英雄を気取る

□ 090
卖人情
mài rénqíng

恩を売る
類 送人情 sòng rénqíng

□ 091
抖包袱
dǒu bāofu

話に落ちをつける

□ 092
帮倒忙
bāng dàománg

ありがた迷惑になる

□ 093
背黑锅
bēi hēiguō

ぬれぎぬを着せられる、他人の罪をかぶる

□ 094
背包袱
bēi bāofu

（精神的、経済的な）重荷を背負う、
負担を感じる

□ 095
抱不平
bào bùpíng

義憤を覚える、不公正に対して憤る
類 鸣不平 míng bùpíng

□ 096
跑龙套
pǎo lóngtào

下っ端として働く、使い走りになる

1
週目

2
週目

3
週目

4
週目

5
週目

6
週目

7
週目

巻
末
付
録

你不会喝就直说，别充好汉。

Nǐ bú huì hē jiù zhíshuō, bié chōng hǎohàn.

飲めないならはっきり言えばいい、格好をつけるなよ。

这次你就卖个人情，帮帮他吧。

Zhè cì nǐ jiù mài ge rénqíng, bāngbang tā ba.

今回あなたは恩を売って、彼を助けてあげなさい。

我爱听中国的相声，可是有时抖的包袱，我笑不出来。

Wǒ ài tīng Zhōngguó de xiàngsheng, kěshì yǒushí dǒu de bāofu, wǒ xiàobuchūlai.

わたしは中国の漫才を聞くのが好きだが、落ちがついても笑えないときがある。

你们这是帮倒忙，还不如不做呢。

Nǐmen zhè shì bāng dàománg, hái bùrú bú zuò ne.

君たちの手助けはありがた迷惑で、やらない方がましだ。

这件事和我一点儿关系都没有，你为什么要让我背黑锅？

Zhè jiàn shì hé wǒ yìdiǎnr guānxi dōu méi yǒu, nǐ wèi shénme yào ràng wǒ bēi hēiguō? このことはわたしと全く関係がありません、どうしてわたしにぬれぎぬを着せようとするのですか。

这次失败不是你的责任，你不必为这件事背包袱。

Zhè cì shībài bú shì nǐ de zérèn, nǐ búbì wèi zhè jiàn shì bēi bāofu.

今回の失敗は君の責任ではないので、君はこのことで負担を感じる必要はありません。

赵律师是个正义感特别强的人，经常为民工抱不平。

Zhào lǜshī shì ge zhèngyìgǎn tèbié qiáng de rén, jīngcháng wèi míngōng bào bùpíng.

趙弁護士は正義感がとても強い人で、よく出稼ぎの農民のために義憤を覚える。

我只不过是跑龙套的，最后怎么办你得和我们部长谈。

Wǒ zhǐ búguò shì pǎo lóngtào de, zuìhòu zěnme bàn nǐ děi hé wǒmen bùzhǎng tán.

わたしはただの下っ端なので、最終的にどうするかはうちの部長と話をしてください。

□ 097

癞皮狗
làipígǒu

恥知らず、下劣な人
cf. 054 **不要脸** búyàoliǎn（恥知らずである）

□ 098

夜猫子
yèmāozi

夜型の人、よく夜更かしをする人

□ 099

应声虫
yìngshēngchóng

イエスマン、何事も人に追従する人

□ 100

糊涂虫
hútuchóng

分からず屋、間抜け

□ 101

比翼鸟
bǐyìniǎo

おしどり夫婦、仲の良い夫婦
類 **连理枝** liánlǐzhī

□ 102

出头鸟
chūtóuniǎo

目立つ人、先頭に立つ人、優れた人

□ 103

鸽子笼
gēzilóng

（ハト小屋のように）狭い家、ウサギ小屋

□ 104

中山狼
zhōngshānláng

恩をあだで返す人
類 **白眼儿狼** báiyǎnrláng

1 週目
2 週目
3 週目
4 週目
5 週目
6 週目
7 週目
巻末付録

那个癞皮狗，竟然偷了孩子的东西。
Nàge làipígǒu, jìngrán tōule háizi de dōngxi.
あの恥知らず、あろうことか子どもの物を盗んだ。

我儿子是个夜猫子，深夜两点才睡觉。
Wǒ érzi shì ge yèmāozi, shēnyè liǎng diǎn cái shuìjiào.
わたしの息子は夜型で、深夜2時にようやく寝る。

做事要有主见，不能当应声虫。
Zuò shì yào yǒu zhǔjiàn, bù néng dāng yìngshēngchóng.
事を成すにはしっかりした見解を持つことが必要で、イエスマンではいけない。

我以为她很聪明，没想到是个糊涂虫。
Wǒ yǐwéi tā hěn cōngming, méi xiǎngdào shì ge hútuchóng.
わたしは彼女は賢いと思っていたが、思いもよらぬことに分からず屋だった。

他们俩真是对比翼鸟，年纪那么大了，还手拉手地走路。
Tāmen liǎ zhēn shì duì bǐyìniǎo, niánjì nàme dà le, hái shǒu lā shǒu de zǒulù.
彼らは本当におしどり夫婦で、あんなに年をとっても、まだ手をつないで歩いている。

别人都不提意见，就你一个人提，难道你不怕别人说你是出头鸟吗？ Biéren dōu bù tí yìjian, jiù nǐ yí ge rén tí, nándào nǐ bú pà biéren shuō nǐ shì chūtóuniǎo ma? ほかの人は意見を言わないのに、あなただけが言って、目立ちたがり屋と言われるのが怖くないとでもいうのか。

现在随着经济的发展，住鸽子笼的人越来越少了。
Xiànzài suízhe jīngjì de fāzhǎn, zhù gēzilóng de rén yuè lái yuè shǎo le.
現在、経済発展に伴って、ウサギ小屋に住む人はますます少なくなった。

他是个中山狼，我把他弄进了我的公司，他却盗用了公司的钱。
Tā shì ge zhōngshānláng, wǒ bǎ tā nòngjìnle wǒ de gōngsī, tā què dàoyòngle gōngsī de qián.
あいつは恩をあだで返すやつだ、わたしの会社に入れてやったのに、会社の金を使い込んだ。

□ 105

一锅粥
yìguōzhōu

混乱した状態、ごちゃごちゃした状態

□ 106

二流子
èrliúzi

ごろつき、ぶらぶらしてまともな仕事につかない者

□ 107

二百五
èrbǎiwǔ

間抜け、あほう⇒コラム
類 十三点 shísāndiǎn

□ 108

两下子
liǎngxiàzi

腕前、技術

□ 109

两面派
liǎngmiànpài

裏表のある人

□ 110

五里雾
wǔlǐwù

（物事の）真相が分からないこと

□ 111

八辈子
bābèizi

長い間、数世代
関 一辈子 yíbèizi（一生涯）

□ 112

万事通
wànshìtōng

物知り
類 百事通 bǎishìtōng

老师不在，学生们又喊又叫，教室里乱成了一锅粥。

Lǎoshī bú zài, xuéshengmen yòu hǎn yòu jiào, jiàoshì li luànchéngle yìguōzhōu.

先生が不在で、児童たちは叫んだりわめいたりし、教室の中は大混乱になった。

那个爱找茬儿的二流子来了，咱们躲一下吧。

Nàge ài zhǎo chár de èrliúzi lái le, zánmen duǒ yíxià ba.

あのよく言いがかりをつけるごろつきが来たから、わたしたちは隠れましょう。

我今年丢了三部手机，妈妈骂我是个二百五。

Wǒ jīnnián diūle sān bù shǒujī, māma mà wǒ shì ge èrbǎiwǔ.

わたしは今年携帯電話を3つもなくし、母親に間抜けだと叱られた。

老王开车真有两下子，三十年没出过一次车祸。

Lǎo-Wáng kāi chē zhēn yǒu liǎngxiàzi, sānshí nián méi chūguo yí cì chēhuò.

王さんの運転技術は相当なもので、30年間1度も事故を起こしたことがありません。

他是个两面派，他的话你别相信。

Tā shì ge liǎngmiànpài, tā de huà nǐ bié xiāngxìn.

彼は裏表のある人なので、彼の話を信用してはいけない。

到底谁告发的，我也是如在五里雾中。

Dàodǐ shéi gàofā de, wǒ yě shì rú zài wǔlǐwù zhōng.

一体誰が密告したのか、わたしにも真相が分からない。

你怎么还不来，难道你要我等八辈子吗？

Nǐ zěnme hái bù lái, nándào nǐ yào wǒ děng bābèizi ma?

どうしてまだ来ないの、まさかわたしを長いこと待たせるつもりなの。

大家说他是个万事通，可是这么有名的事件都不知道。

Dàjiā shuō tā shì ge wànshìtōng, kěshì zhème yǒumíng de shìjiàn dōu bù zhīdào.

みんなは彼を物知りだと言っているが、こんなに有名な事件も知らない。

1週目 2週目 3週目 4週目 5週目 6週目 7週目 巻末付録

Review 2

今週学習した慣用句です。1週間の復習に役立ててください。
（　　）の中の数字は見出し語番号です。

☐ 遊びの仲間に入る	凑热闹	còu rènao	(079)
☐ ありがた迷惑になる	帮倒忙	bāng dàománg	(092)
☐ 言いがかりをつける	找别扭	zhǎo bièniu	(058)
☐ イエスマン	应声虫	yìngshēngchóng	(099)
☐ 腕前	两下子	liǎngxiàzi	(108)
☐ 裏表のある人	两面派	liǎngmiànpài	(109)
☐ おかしくなる	吃错药	chīcuò yào	(067)
☐ お金を出し合う	凑份子	còu fènzi	(078)
☐ おしどり夫婦	比翼鸟	bǐyìniǎo	(101)
☐ おせっかいを焼く	管闲事	guǎn xiánshì	(087)
☐ 同じことを繰り返す	炒冷饭	chǎo lěngfàn	(061)
☐ 重荷を背負う	背包袱	bēi bāofu	(094)
☐ 恩をあだで返す人	中山狼	zhōngshānláng	(104)
☐ 恩を売る	卖人情	mài rénqíng	(090)

1週目

2週目

3週目

4週目

5週目

6週目

7週目

巻末付録

□ 格好をつける	充好汉	chōng hǎohàn (089)
□ からかう	吃豆腐	chī dòufu (065)
□ 気が散る	开小差	kāi xiǎochāi (070)
□ 義憤を覚える	抱不平	bào bùpíng (095)
□ 逆行する	开倒车	kāi dàochē (072)
□ 食ってかかる	吃枪药	chī qiāngyào (068)
□ 結婚式に出席する	吃喜糖	chī xǐtáng (063)
□ 見聞を広める	见世面	jiàn shìmiàn (083)
□ 交際する	搞对象	gǎo duìxiàng (086)
□ コネを使う	走后门	zǒu hòumén (075)
□ ごろつき	二流子	èrliúzi (106)
□ 混乱した状態	一锅粥	yìguōzhōu (105)
□ 仕事や収入がない	吃闲饭	chī xiánfàn (062)
□ 下っ端として働く	跑龙套	pǎo lóngtào (096)

Review 2

☐ 死ぬ	见上帝	jiàn Shàngdì	(084)
☐ 冗談を言う	开玩笑	kāi wánxiào	(073)
☐ 職を失う	砸饭碗	zá fànwǎn	(060)
☐ 職を探す	找饭碗	zhǎo fànwǎn	(059)
☐ 真相が分からないこと	五里雾	wǔlǐwù	(110)
☐ 狭い家	鸽子笼	gēzilóng	(103)
☐ 騒動を引き起こす	惹乱子	rě luànzi	(082)
☐ 徹夜する	开夜车	kāi yèchē	(071)
☐ 特別扱いされる	吃小灶	chī xiǎozào	(069)
☐ 友達がいがある	够朋友	gòu péngyou	(085)
☐ 長い間	八辈子	bābèizi	(111)
☐ 仲たがいする	闹别扭	nào bièniu	(057)
☐ ぬれぎぬを着せられる	背黑锅	bēi hēiguō	(093)
☐ 恥知らず	癞皮狗	làipígǒu	(097)

☐ 初めて経験する	开洋荤	kāi yánghūn	(074)
☐ 話に落ちをつける	抖包袱	dǒu bāofu	(091)
☐ 番狂わせが起こる	爆冷门	bào lěngmén	(076)
☐ 不機嫌になる	闹情绪	nào qíngxù	(081)
☐ 間抜け	二百五	èrbǎiwǔ	(107)
☐ 見栄を張る	摆门面	bǎi ménmian	(077)
☐ 目立つ人	出头鸟	chūtóuniǎo	(102)
☐ 物知り	万事通	wànshìtōng	(112)
☐ 役所に勤める	吃皇粮	chī huángliáng	(064)
☐ やじ馬見物をする	看热闹	kàn rènao	(080)
☐ 夜型の人	夜猫子	yèmāozi	(098)
☐ 0点を取る	吃鸭蛋	chī yādàn	(066)
☐ 分からず屋	糊涂虫	hútuchóng	(100)
☐ わだかまりを解く	解疙瘩	jiě gēda	(088)

二百五

èrbǎiwǔ

　「間抜け、あほう」という意味があります。

　その昔、中国で銀貨が主な貨幣として使用されていた時代、銀貨500両を"一封 yì fēng"、250両を"半封 bàn fēng"と言いました。この"半封 bàn fēng"と「半分狂っている」という意味の"半疯 bànfēng"の発音が同じであることから、"二百五"を「間抜け」や「あほう」という意味で使うようになったそうです。

　"二百五"と意味の近い言葉に"十三点 shísāndiǎn"があります。"十三点"も同じく「間抜け、あほう」という意味として使われますが、その語源には「愚かである」などの意味を持つ"痴 chī"という漢字の画数が13画だからという説や、時計の鐘は本来12回までしか鳴らないはずなのに、狂った時計が13回鳴った話から来ているという説などがあります。

※慣用句の出自には諸説があります

→ "二百五 èrbǎiwǔ" の見出し語番号は107

キクタン中国語

3 週目

✓ 学習したらチェック！

■ 15日目　動目

■ 16日目　動目

■ 17日目　動目

■ 18日目　動目

■ 19日目　名詞

■ 20日目　名詞

■ 21日目　その他

□ 113
栽跟头
zāi gēntou

失敗する、失態を演じる
题 跌跟头 diē gēntou
　摔跟头 shuāi gēntou

□ 114
剃光头
tì guāngtóu

①（試合で）1点も入らない
②試験で1人も受からない

□ 115
拿大头
ná dàtóu

カモにする、人を食い物にする

□ 116
尝甜头
cháng tiántou

良さを知る、味をしめる
反 吃苦头 chī kǔtou（つらい目に遭う）

□ 117
有来头
yǒu láitou

訳がある、いわく因縁がある、（人の経歴に）背景がある

□ 118
没骨头
méi gǔtou

意気地がない、根性がない
関 软骨头 ruǎngǔtou（意気地なし）
反 有骨头 yǒu gǔtou（気骨がある）

□ 119
啃骨头
kěn gǔtou

困難に立ち向かう、難題に取り組む

□ 120
露头角
lù tóujiǎo

頭角を現す

谁都有栽跟头的时候，你不要失败了一次就气馁。

Shéi dōu yǒu zāi gēntou de shíhou, nǐ búyào shībàile yí cì jiù qìněi.

誰でも失敗するときはあります、1度失敗したからといって気を落としてはいけません。

昨天的足球比赛被对方剃了个光头。

Zuótiān de zúqiú bǐsài bèi duìfāng tìle ge guāngtóu.

昨日のサッカーの試合は相手に0点に封じられた。

你太老实了，小心别让人家拿大头。

Nǐ tài lǎoshi le, xiǎoxīn bié ràng rénjia ná dàtóu.

あなたはお人よしなので、人にカモにされないように気を付けなさい。

他上周去澳门，尝到了赌博的甜头。

Tā shàngzhōu qù Àomén, chángdàole dǔbó de tiántou.

彼は先週マカオに行き、ギャンブルの味を覚えた。

那个人说话那么横，一定有来头。

Nàge rén shuōhuà nàme hèng, yídìng yǒu láitou.

あの人の言葉使いがあんなに乱暴なのは、きっと何か訳があるのだ。

人穷无所谓，但是不能没骨头。

Rén qióng wúsuǒwèi, dànshì bù néng méi gǔtou.

人は貧しくても構わないが、意気地なしではいけない。

我们要发扬啃骨头的精神。

Wǒmen yào fāyáng kěn gǔtou de jīngshén.

われわれは困難に立ち向かう精神を奮い起こさなければならない。

上大学时，他就已经在IT业界露头角了。

Shàng dàxué shí, tā jiù yǐjīng zài IT yèjiè lù tóujiǎo le.

大学に通っていたとき、彼はIT業界ですでに頭角を現していた。

1週目 2週目 3週目 4週目 5週目 6週目 7週目 巻末付録

52 ▸ 53

□ 121
爱面子
ài miànzi

体裁を気にする、メンツにこだわる
類 要面子 yào miànzi
　 讲面子 jiǎng miànzi

□ 122
碍面子
ài miànzi

相手のメンツを気にかける、情にほだされる

□ 123
丢面子
diū miànzi

面目を失う、醜態をさらす
類 没面子 méi miànzi

□ 124
留面子
liú miànzi

顔を立てる、メンツを保つ

□ 125
伤面子
shāng miànzi

メンツをつぶす

□ 126
伤脑筋
shāng nǎojīn

頭を悩ます、頭が痛い
関 动脑筋 dòng nǎojīn（頭を働かせる）

□ 127
换脑筋
huàn nǎojīn

古い考えを改める

□ 128
揪辫子
jiū biànzi

弱みに付け込む、弱みを握る
類 抓辫子 zhuā biànzi
　 抓把柄 zhuā bǎbǐng

跟中国人交往的人几乎都知道，中国人特别爱面子。

Gēn Zhōngguórén jiāowǎng de rén jīhū dōu zhīdao, Zhōngguórén tèbié ài miànzi.　中国人と付き合いがある人はほとんどみんな、中国人がとてもメンツにこだわるということを知っている。

碍于面子，我没有当场反对。

Àiyú miànzi, wǒ méiyou dāngchǎng fǎnduì.
相手のメンツのため、わたしはその場で反対しなかった。

你不应该在大家面前让她丢面子。

Nǐ bù yīnggāi zài dàjiā miànqián ràng tā diū miànzi.
あなたはみんなの前で彼女に恥をかかせるべきではない。

这次你给我留个面子，下不为例。

Zhè cì nǐ gěi wǒ liú ge miànzi, xià bù wéi lì.
今回だけは顔を立ててほしい、これっきりにするから。

大家别争吵了，不然的话会伤面子的。

Dàjiā bié zhēngchǎo le, bùrán dehuà huì shāng miànzi de.
皆さん、けんかをやめてください、さもないとメンツをつぶしてしまいますよ。

子女的就业问题让她伤透了脑筋。

Zǐnǚ de jiùyè wèntí ràng tā shāngtòule nǎojīn.
子どもの就職の問題は彼女の頭をひどく悩ませた。

情况变了，我们也得换换脑筋了。

Qíngkuàng biàn le, wǒmen yě děi huànhuan nǎojīn le.
状況が変わり、わたしたちも考えを改めなければならなくなった。

班长说揪别人的辫子是一种无耻的行为。

Bānzhǎng shuō jiū biéren de biànzi shì yì zhǒng wúchǐ de xíngwéi.
班長は人の弱みに付け込むのは恥知らずな行為だと言った。

□ 129

挑毛病
tiāo máobìng

あら探しをする

□ 130

挑字眼儿
tiāo zìyǎnr

言葉尻をとらえる、字句の小さな誤りを
指摘する
類 抠字眼儿 kōu zìyǎnr

□ 131

挑大梁
tiāo dàliáng

大役を担う、大黒柱となる

□ 132

敲边鼓
qiāo biāngǔ

（横から）口を出して加勢する、そばか
ら口出しする
類 打边鼓 dǎ biāngǔ

□ 133

赶时髦
gǎn shímáo

流行を追う

□ 134

发牢骚
fā láosao

愚痴をこぼす、不平を言う

□ 135

发邪火
fā xiéhuǒ

八つ当たりする

□ 136

发神经
fā shénjīng

（言動が）常軌を逸する、気が狂う、おか
しくなる

你不要总挑毛病，要多看别人的好处。
Nǐ búyào zǒng tiāo máobìng, yào duō kàn biéren de hǎochù.
いつもあらを探していないで、人のいいところを見なさい。

汉语的"对"和"对于"意思差不多，你别挑字眼儿了。
Hànyǔ de "duì" hé "duìyú" yìsi chàbuduō, nǐ bié tiāo zìyǎnr le.
中国語の"对"と"对于"の意味はほとんど同じです、言葉尻をとらえるのはやめてください。

这个项目由小王来挑大梁。
Zhège xiàngmù yóu Xiǎo-Wáng lái tiāo dàliáng.
このプロジェクトは王さんが大役を担う。

这是我们俩的问题，你别敲边鼓。
Zhè shì wǒmen liǎ de wèntí, nǐ bié qiāo biāngǔ.
これはわたしたち2人の問題です、横から口出ししないでください。

小张爱赶时髦，每个月都买几千块的时装。
Xiǎo-Zhāng ài gǎn shímáo, měi ge yuè dōu mǎi jǐ qiān kuài de shízhuāng.
張さんは流行を追いかけるのが好きで、毎月ファッションに数千元も使う。

他工作压力很大，常常在家里发牢骚。
Tā gōngzuò yālì hěn dà, chángcháng zài jiā li fā láosao.
彼は仕事のストレスが大きく、よく家で愚痴をこぼしている。

这事与我无关，你别冲我发邪火。
Zhè shì yǔ wǒ wúguān, nǐ bié chòng wǒ fā xiéhuǒ.
このことはわたしとは無関係です、わたしに八つ当たりするのはやめてください。

他工作特别认真，可是一喝酒就发神经。
Tā gōngzuò tèbié rènzhēn, kěshì yì hē jiǔ jiù fā shénjīng.
彼は仕事中はとてもまじめだが、お酒を飲むとすぐにおかしくなる。

□ 137

发脾气
fā píqi

かんしゃくを起こす、怒る
類 动肝火 dòng gānhuǒ

□ 138

冒傻气
mào shǎqì

間抜けなことをする、ばかげたことをする

□ 139

碰运气
pèng yùnqi

運試しをする、運任せにやってみる

□ 140

摆阔气
bǎi kuòqi

金持ちぶる

□ 141

卖力气
mài lìqi

①一生懸命にやる、精を出す
②力仕事をして生計を立てる

□ 142

伤和气
shāng héqi

気まずくなる、仲が悪くなる

□ 143

没好气儿
méi hǎoqìr

不機嫌である
類 没好脸 méi hǎoliǎn

□ 144

没正形
méi zhèngxíng

ふざけている、まじめさがない

王老师课教得特别好，而且从来没对孩子们发过脾气。

Wáng lǎoshī kè jiāode tèbié hǎo, érqiě cónglái méi duì háizimen fāguo píqi.

王先生は授業がとてもうまく、その上子どもに対してかんしゃくを起こしたこともない。

外面下着大雨，你却不带雨伞去，这不是冒傻气吗？

Wàimiàn xiàzhe dàyǔ, nǐ què bú dài yǔsǎn qù, zhè bú shì mào shǎqì ma?

外は大雨が降っているのに、傘を持たずに行くなんて、間が抜けているんじゃないか。

我想买张彩票碰碰运气。

Wǒ xiǎng mǎi zhāng cǎipiào pèngpeng yùnqi.

わたしは宝くじを1枚買って運試しをしたい。

他是个有钱人，但一点儿都不摆阔气。

Tā shì ge yǒuqiánrén, dàn yìdiǎnr dōu bù bǎi kuòqi.

彼は金持ちだが、少しも金持ちぶらない。

你和他是多年的老朋友，只要是你的事，他肯定卖力气。

Nǐ hé tā shì duō nián de lǎopéngyou, zhǐyào shì nǐ de shì, tā kěndìng mài lìqi.

あなたと彼は長年の友人だから、あなたのことであれば、彼はきっと一生懸命やってくれる。

大家都少说两句，免得伤了和气。

Dàjiā dōu shǎo shuō liǎng jù, miǎnde shāngle héqi.

気まずくならないように、皆さんもうそのくらいにしておきましょう。

她听说老公又去赌钱，马上就没好气儿了。

Tā tīngshuō lǎogōng yòu qù dǔqián, mǎshàng jiù méi hǎoqìr le.

彼女は夫がまた賭け事をしに行ったと聞くと、すぐに不機嫌になった。

别没正形了，快点儿写作业吧。

Bié méi zhèngxíng le, kuài diǎnr xiě zuòyè ba.

ふざけていないで、早く宿題をやりなさい。

□ 145
马屁精
mǎpìjīng
ごますり、ご機嫌取り

□ 146
马后炮
mǎhòupào
後の祭り、手遅れ

□ 147
下马威
xiàmǎwēi
初めに威厳を示すこと、初めににらみを
きかせること

□ 148
马大哈
mǎdàhā
そそっかしい人、いいかげんな人

□ 149
回马枪
huímǎqiāng
不意打ち、不意をついた反撃

□ 150
乌纱帽
wūshāmào
官職、役人の地位⇒コラム

□ 151
伪君子
wěijūnzǐ
偽善者、偽君子

□ 152
胆小鬼
dǎnxiǎoguǐ
臆病者、意気地なし

1 週目

2 週目

3 週目

4 週目

5 週目

6 週目

7 週目

巻末付録

她是个马屁精，同事们都不喜欢她，但所有的领导却都喜欢她。

Tā shì ge mǎpìjīng, tóngshìmen dōu bù xǐhuan tā, dàn suǒyǒu de lǐngdǎo què dōu xǐhuan tā.

彼女はごますりで、同僚はみんな彼女が嫌いだが、すべての幹部からは好かれている。

事情已经过去了，现在你说这些，岂不是马后炮吗？

Shìqing yǐjīng guòqu le, xiànzài nǐ shuō zhèxiē, qǐbúshì mǎhòupào ma?

すでに終わったことだ、今そんなことを言っても後の祭りじゃないか。

新局长一到任，就给大家一个下马威。

Xīn júzhǎng yí dàorèn, jiù gěi dàjiā yí ge xiàmǎwēi.

新局長は着任するなりみんなに威厳を示した。

小刘是个马大哈，总忘东西。

Xiǎo-Liú shì ge mǎdàhā, zǒng wàng dōngxi.

劉さんはそそっかしい人で、よく忘れ物をする。

我们应该趁这个机会，给竞争对手来个回马枪。

Wǒmen yīnggāi chèn zhège jīhui, gěi jìngzhēng duìshǒu lái ge huímǎqiāng.

われわれはこの機会を利用して、競争相手に反撃すべきだ。

为了保住自己的乌纱帽，他送了不少红包。

Wèile bǎozhù zìjǐ de wūshāmào, tā sòngle bù shǎo hóngbāo.

自分の地位を守るために、彼はたくさんの袖の下を贈った。

老杨可不是伪君子，他是真心为灾区的老百姓着想。

Lǎo-Yáng kě bú shì wěijūnzǐ, tā shì zhēnxīn wèi zāiqū de lǎobǎixìng zhuóxiǎng.

楊さんは偽善者ではなく、心から被災地の住民のことを思っている。

他是个胆小鬼，晚上连厕所都不敢上。

Tā shì ge dǎnxiǎoguǐ, wǎnshang lián cèsuǒ dōu bù gǎn shàng.

彼は臆病者で、夜トイレにも行けない。

□ 153
老好人
lǎohǎorén

好人物、お人よし

□ 154
红眼病
hóngyǎnbìng

よく人をねたむこと、ねたみ病

□ 155
冷热病
lěngrèbìng

長続きしないこと、熱しやすく冷めやすいこと

□ 156
小报告
xiǎobàogào

告げ口
類 小汇报 xiǎohuìbào

□ 157
小聪明
xiǎocōngming

小ざかしいこと、小ざかしさ
関 耍心眼儿 shuǎ xīnyǎnr（小ざかしいことをする）

□ 158
和事老
héshìlǎo

（やたらと）仲裁する人
※ "和事佬" とも書く

□ 159
香饽饽
xiāngbōbo

人気者

□ 160
垫脚石
diànjiǎoshí

出世の踏み台

老王是个老好人，谁都不得罪。

Lǎo-Wáng shì ge lǎohǎorén, shéi dōu bù dézuì.

王さんは人が良く、誰からも恨みを買わない。

改革开放后，看到周围的人富了，一些富不起来的人得了红眼病。

Gǎigé kāifàng hòu, kàndào zhōuwéi de rén fù le, yìxiē fùbuqǐlai de rén déle hóngyǎnbìng. 改革開放後、周囲の人たちが豊かになるのを見て、一部の豊かになれない人たちは人をねたむようになった。

听说他又犯了冷热病，把女朋友甩了。

Tīngshuō tā yòu fànle lěngrèbìng, bǎ nǚpéngyou shuǎi le.

彼はまた長続きせずに、ガールフレンドをふったそうだ。

我的秘密只有你知道，一定是你打的小报告。

Wǒ de mìmì zhǐ yǒu nǐ zhīdao, yídìng shì nǐ dǎ de xiǎobàogào.

わたしの秘密は君だけが知っているのだから、君が告げ口したに決まっている。

他总是耍小聪明，同学们都不喜欢他。

Tā zǒngshì shuǎ xiǎocōngming, tóngxuémen dōu bù xǐhuan tā.

彼はいつも小ざかしく立ち回るので、同級生はみんな彼のことが好きではない。

你别当和事老，我们该说的就得说。

Nǐ bié dāng héshìlǎo, wǒmen gāi shuō de jiù děi shuō.

やたらと仲裁しようとしないでください、言うべきことは言わないといけません。

现在技工人手不足，到哪儿都是香饽饽。

Xiànzài jìgōng rénshǒu bùzú, dào nǎr dōu shì xiāngbōbo.

今技術者は人手不足なので、どこに行っても人気者だ。

徒弟把师傅当做垫脚石是常有的事。

Túdi bǎ shīfu dàngzuò diànjiǎoshí shì cháng yǒu de shì.

弟子が師匠を踏み台にするのはよくあることだ。

1 週目
2 週目
3 週目
4 週目
5 週目
6 週目
7 週目
巻末付録

□ 161

一窝蜂
yìwōfēng

蜂の巣をつついたよう、大騒ぎする様子

□ 162

一锅端
yìguōduān

根こそぎ、洗いざらい
類 连锅端 liánguōduān

□ 163

拉一把
lā yì bǎ

手助けをする

□ 164

过不去
guòbuqù

①困らせる　②申し訳なく思う

□ 165

对着干
duìzhegàn

対抗する、張り合う

□ 166

走着瞧
zǒuzheqiáo

今に見ていろ、覚えていろ

□ 167

闹着玩儿
nàozhe wánr

ふざける、冗談ごとにする

□ 168

前后脚儿
qiánhòujiǎor

相前後して、ほぼ同時期に

放学后，学生们一窝蜂地跑出了校门。

Fàngxué hòu, xuéshengmen yìwōfēng de pǎochūle xiàomén.

授業が終わると、児童たちは騒ぎながらわっと校門を飛び出した。

我们事先埋伏好，把敌人来个一锅端。

Wǒmen shìxiān máifuhǎo, bǎ dírén lái ge yìguōduān.

われわれは先に待ち伏せをして、敵を一網打尽にしよう。

他最困难的时候，你拉了他一把，他至今不忘。

Tā zuì kùnnan de shíhou, nǐ lāle tā yì bǎ, tā zhìjīn bú wàng.

彼が最もつらいときに、あなたが彼を助けたことを、彼は今でも忘れていない。

我又没有得罪你，你为什么和我过不去？

Wǒ yòu méiyou dézuì nǐ, nǐ wèi shénme hé wǒ guòbuqù?

あなたに悪いことをした覚えがないのに、どうしてわたしを困らせるのだ。

两家餐厅对着干，都说自己餐厅的菜比对方的好吃。

Liǎng jiā cāntīng duìzhegàn, dōu shuō zìjǐ cāntīng de cài bǐ duìfāng de hǎochī.

2軒のレストランが張り合って、互いに自分の店の料理の方がおいしいと言う。

谁笑在最后，咱们走着瞧。

Shéi xiàozài zuìhòu, zánmen zǒuzheqiáo.

誰が最後に笑うか、今に見ていろ。

避难训练是件正经的事情，你可别闹着玩儿。

Bìnàn xùnliàn shì jiàn zhèngjing de shìqing, nǐ kě bié nàozhe wánr.

避難訓練はまじめなことです、ふざけてはいけません。

他们俩前后脚儿考上了名牌大学。

Tāmen liǎ qiánhòujiǎor kǎoshangle míngpái dàxué.

あの2人は相前後して名門大学に合格した。

1週目
2週目
3週目
4週目
5週目
6週目
7週目
巻末付録

Review 3

今週学習した慣用句です。1週間の復習に役立ててください。
（　　）の中の数字は見出し語番号です。

☐ 相前後して	前后脚儿	qiánhòujiǎor (168)
☐ 相手のメンツを気にかける	碍面子	ài miànzi (122)
☐ 頭を悩ます	伤脑筋	shāng nǎojīn (126)
☐ 後の祭り	马后炮	mǎhòupào (146)
☐ あら探しをする	挑毛病	tiāo máobìng (129)
☐ 意気地がない	没骨头	méi gǔtou (118)
☐ 一生懸命にやる	卖力气	mài lìqi (141)
☐ 1点も入らない	剃光头	tì guāngtóu (114)
☐ 今に見ていろ	走着瞧	zǒuzheqiáo (166)
☐ 運試しをする	碰运气	pèng yùnqi (139)
☐ 臆病者	胆小鬼	dǎnxiǎoguǐ (152)
☐ 顔を立てる	留面子	liú miànzi (124)
☐ 金持ちぶる	摆阔气	bǎi kuòqi (140)
☐ カモにする	拿大头	ná dàtóu (115)

□ かんしゃくを起こす	发脾气	fā píqi (137)
□ 官職	乌纱帽	wūshāmào (150)
□ 偽善者	伪君子	wěijūnzǐ (151)
□ 気まずくなる	伤和气	shāng héqi (142)
□ 愚痴をこぼす	发牢骚	fā láosao (134)
□ 口を出して加勢する	敲边鼓	qiāo biāngǔ (132)
□ 好人物	老好人	lǎohǎorén (153)
□ 小ざかしいこと	小聪明	xiǎocōngming (157)
□ 言葉尻をとらえる	挑字眼儿	tiāo zìyǎnr (130)
□ ごますり	马屁精	mǎpìjīng (145)
□ 困らせる	过不去	guòbuqù (164)
□ 困難に立ち向かう	啃骨头	kěn gǔtou (119)
□ 失敗する	栽跟头	zāi gēntou (113)
□ 出世の踏み台	垫脚石	diànjiǎoshí (160)

Review 3

1週目

2週目

3週目

4週目

5週目

6週目

7週目

巻末付録

☐ 不意打ち	回马枪	huímǎqiāng (149)
☐ 不機嫌である	没好气儿	méi hǎoqìr (143)
☐ ふざけている	没正形	méi zhèngxíng (144)
☐ ふざける	闹着玩儿	nàozhe wánr (167)
☐ 古い考えを改める	换脑筋	huàn nǎojīn (127)
☐ 間抜けなことをする	冒傻气	mào shǎqì (138)
☐ メンツをつぶす	伤面子	shāng miànzi (125)
☐ 面目を失う	丢面子	diū miànzi (123)
☐ 八つ当たりする	发邪火	fā xiéhuǒ (135)
☐ よく人をねたむこと	红眼病	hóngyǎnbìng (154)
☐ 良さを知る	尝甜头	cháng tiántou (116)
☐ 弱みに付け込む	揪辫子	jiū biànzi (128)
☐ 流行を追う	赶时髦	gǎn shímáo (133)
☐ 訳がある	有来头	yǒu láitou (117)

乌纱帽

wūshāmào

　"乌纱帽 wūshāmào"は、もともと古代の官吏（国家機関に勤務する人）がかぶる黒い紗（からみ織りの極薄地の織物）で作った帽子を指していましたが、転じて官職、役人の地位そのものを指すようになりました。

　この帽子の特徴は左右に大きな羽が付いていることで、官吏の象徴としてよく中国の歴史ドラマなどにも登場します。羽の長さが30センチほどあるものもあり、官吏たちは羽がどこかにぶつかったり、引っかかったりしないように気を付けて歩かなければならないため、いつの間にか独特な歩き方が身に付いてしまうのだそうです。

　当時、高級官吏が私服を着て民間視察を行うことがありましたが、帽子を気にする歩き方ですぐにばれてしまったという話が残っています。

※慣用句の出自には諸説があります

→ "乌纱帽 wūshāmào"の見出し語番号は150

キクタン中国語

4 週目

✓ 学習したらチェック！

■ 22日目 動目

■ 23日目 動目

■ 24日目 動目

■ 25日目 動目

■ 26日目 動目

■ 27日目 名詞

■ 28日目 名詞

Check 1 ⇒ Check 2　　　　　　　　　　　　　　　　🎧 22

□ 169
饱眼福
bǎo yǎnfú

目の保養をする

□ 170
使眼色
shǐ yǎnsè

目配せする、目で合図を送る
🏷 递眼色 dì yǎnsè
　丢眼色 diū yǎnsè

□ 171
上眼药
shàng yǎnyào

悪口を言う、中傷する
cf. 306 说闲话 shuō xiánhuà

□ 172
没心眼ル
méi xīnyǎnr

①気が利かない　②率直である

□ 173
有眼光
yǒu yǎnguāng

目が高い、先見の明がある
🏷 有眼力 yǒu yǎnlì

□ 174
翻白眼
fān báiyǎn

①（怒りや不満で）白目をむく
②危篤に陥る

□ 175
钻钱眼
zuān qiányǎn

金に執着する

□ 176
有眉目
yǒu méimu

目鼻が付く、めどが立つ
🏷 有头绪 yǒu tóuxù

1 週目

2 週目

3 週目

4 週目

5 週目

6 週目

7 週目

巻末付録

昨天的画展让我大饱了眼福。

Zuótiān de huàzhǎn ràng wǒ dà bǎole yǎnfú.

昨日の絵画展は大いに目の保養になった。

我使眼色不让她说，可她还是说出来了。

Wǒ shǐ yǎnsè bú ràng tā shuō, kě tā háishi shuōchūlai le.

わたしは言わないようにと彼女に目配せしたが、彼女はやはり言ってしまった。

没想到她竟然在大家面前给我上眼药。

Méi xiǎngdào tā jìngrán zài dàjiā miànqián gěi wǒ shàng yǎnyào.

思いもよらぬことに、彼女はなんとみんなの前でわたしの悪口を言った。

小周没心眼儿，想什么说什么。

Xiǎo-Zhōu méi xīnyǎnr, xiǎng shénme shuō shénme.

周さんは気が利かない人で、思ったことをそのまま言ってしまう。

佐藤有眼光，上初中时就开始学习汉语了。

Zuǒténg yǒu yǎnguāng, shàng chūzhōng shí jiù kāishǐ xuéxí Hànyǔ le.

佐藤君は先見の明があり、中学生のときから中国語を勉強し始めた。

老李无缘无故地被主任训了一顿，气得直翻白眼。

Lǎo-Lǐ wúyuán wúgù de bèi zhǔrèn xùnle yí dùn, qìde zhí fān báiyǎn.

李さんは訳もなく主任に叱られて、怒ってじろりとにらんだ。

他是个钻钱眼的人，他干不干这个工作，要看你给他多少钱。

Tā shì ge zuān qiányǎn de rén, tā gàn bu gàn zhège gōngzuò, yào kàn nǐ gěi tā duōshao qián.　彼はお金に執着する人なので、この仕事をやるかどうかは、あなたがどのくらい支払うかにかかっている。

我求你办的事情有眉目了吗？

Wǒ qiú nǐ bàn de shìqing yǒu méimu le ma?

お願いしたことは目鼻が付きましたか。

72 ▶ 73

□ 177
牵鼻子
qiān bízi

（人を）思うままに操る

□ 178
哭鼻子
kū bízi

めそめそする、泣きべそをかく
题 抹鼻子 mǒ bízi

□ 179
耍贫嘴
shuǎ pínzuǐ

減らず口をたたく、無駄口をたたく
题 嚼舌头 jiáo shétou

□ 180
费唇舌
fèi chúnshé

言葉を費やす、口が酸っぱくなるほど言う
题 费唾沫 fèi tuòmo
　　费口舌 fèi kǒushé

□ 181
打牙祭
dǎ yájì

たまにごちそうを食べる

□ 182
咬耳朵
yǎo ěrduo

耳打ちする、内緒話をする

□ 183
费心思
fèi xīnsi

①気を使う　②頭を働かせる

□ 184
拍胸脯
pāi xiōngpú

保証する、請け合う
cf. 020 打包票 dǎ bāopiào

这次谈判我们不能让对方牵着鼻子走。

Zhè cì tánpàn wǒmen bù néng ràng duìfāng qiānzhe bízi zǒu.

今回の交渉では、わたしたちは相手の思うままに操られてはいけない。

考试成绩不好，现在哭鼻子也没用。

Kǎoshì chéngjì bù hǎo, xiànzài kū bízi yě méi yòng.

テストの成績が悪いからといって、今になって泣きべそをかいても仕方がない。

她光耍贫嘴，从来不干实事。

Tā guāng shuǎ pínzuǐ, cónglái bú gàn shíshì.

彼女は減らず口をたたくばかりで、具体的なことをやったことがない。

为了对大家说清楚这件事，我费了不少唇舌。

Wèile duì dàjiā shuōqīngchu zhè jiàn shì, wǒ fèile bù shǎo chúnshé.

みんなにこのことを説明するため、わたしは多くの言葉を費やした。

好长时间没打牙祭了，今天咱们去吃北京烤鸭，怎么样？

Hǎo cháng shíjiān méi dǎ yájì le, jīntiān zánmen qù chī Běijīng kǎoyā, zěnmeyàng?

長い間ごちそうを食べていないので、今日は北京ダックを食べに行くのはどうですか。

王丽和李芳又在那儿咬耳朵了，不知道她们在搞什么鬼。

Wáng Lì hé Lǐ Fāng yòu zài nàr yǎo ěrduo le, bù zhīdào tāmen zài gǎo shénme guǐ.

王麗と李芳はまたそこで耳打ちをしている、何をたくらんでいるのやら。

这事又得让您费心思，太不好意思了。

Zhè shì yòu děi ràng nín fèi xīnsi, tài bù hǎoyìsi le.

このことでまたあなたに気を使わせなければならなくなり、本当にすみません。

你既然拍胸脯了，就得负责到底。

Nǐ jìrán pāi xiōngpú le, jiù děi fùzé dàodǐ.

あなたは保証した以上、最後まで責任を負わなければなりません。

Check 1 ⇒ Check 2　　　　　　　　　　　　　　　　　　🎧 24

□ 185

做鬼脸
zuò guǐliǎn

おどけた顔をする

□ 186

拉下脸
lāxià liǎn

①仏頂面をする　②情け容赦しない
類 拉长脸 lācháng liǎn

□ 187

撕破脸
sīpò liǎn

仲たがいする、真っ向から対立する
類 抓破脸 zhuāpò liǎn
cf. 057 闹别扭 nào bièniu

□ 188

唱红脸
chàng hóngliǎn

善玉を演じる、正義派の役割を果たす
⇒コラム
反 唱白脸 chàng báiliǎn（悪玉を演じる、憎まれ
　役を買って出る）

□ 189

吊胃口
diào wèikǒu

興味をかき立てる

□ 190

对胃口
duì wèikǒu

性に合う、趣味に合う
類 合胃口 hé wèikǒu

□ 191

倒胃口
dǎo wèikǒu

うんざりする、飽き飽きする
類 败胃口 bài wèikǒu

□ 192

闹肚子
nào dùzi

腹を壊す、腹を下す
類 拉肚子 lā dùzi

孙子很调皮，有时候在客人面前也做鬼脸。

Sūnzi hěn tiáopí, yǒushíhou zài kèren miànqián yě zuò guǐliǎn.

孫は腕白で、時にはお客さんの前でもおどけた顔をする。

听她把自己的作品说得一文不值，他拉下了脸。

Tīng tā bǎ zìjǐ de zuòpǐn shuōde yì wén bù zhí, tā lāxiàle liǎn.

彼女が彼の作品はまったく価値がないと言うのを聞き、彼はむっとした。

你们已经撕破了脸，还客气什么？

Nǐmen yǐjīng sīpòle liǎn, hái kèqi shénme?

君たちはすでに仲たがいをしたのだから、遠慮する必要はないでしょう。

跟爸爸相比，妈妈唱红脸的时候多。

Gēn bàba xiāngbǐ, māma chàng hóngliǎn de shíhou duō.

父親に比べて、母親は善玉を演じることが多い。

有话你就快说吧，别吊我的胃口了。

Yǒu huà nǐ jiù kuài shuō ba, bié diào wǒ de wèikǒu le.

話があるなら早く言ってください、わたしを焦らさないでください。

她好像觉得我的话不对胃口，一转身就走了。

Tā hǎoxiàng juéde wǒ de huà bú duì wèikǒu, yì zhuǎnshēn jiù zǒu le.

彼女はどうやらわたしの話が気に入らなかったようで、すぐに行ってしまった。

她的所作所为真令人倒胃口，我再也不想和她来往了。

Tā de suǒ zuò suǒ wéi zhēn lìng rén dǎo wèikǒu, wǒ zài yě bù xiǎng hé tā láiwǎng le.　彼女のすることなすことには本当にうんざりさせられる、わたしはもう二度と彼女と付き合いたくない。

今年夏天我闹了一个星期肚子。

Jīnnián xiàtiān wǒ nàole yí ge xīngqī dùzi.

今年の夏、わたしは1週間腹を壊した。

動目

□ 193

掏腰包
tāo yāobāo

支払う、自腹を切る

□ 194

擦屁股
cā pìgu

尻ぬぐいをする
類 揩屁股 kāi pìgu

□ 195

打屁股
dǎ pìgu

厳しく叱る

□ 196

舔屁股
tiǎn pìgu

こびへつらう
cf. 005 拍马屁 pāi mǎpì

□ 197

翘尾巴
qiào wěiba

天狗になる、鼻を高くする、思い上がる

□ 198

露一手
lòu yì shǒu

腕前を披露する

□ 199

打下手
dǎ xiàshǒu

手伝いをする、助手をする

□ 200

抱粗腿
bào cūtuǐ

権力者に取り入る
類 抱大腿 bào dàtuǐ

1 週目

2 週目

3 週目

4 週目

5 週目

6 週目

7 週目

巻末付録

我请客，怎么能让你掏腰包？

Wǒ qǐngkè, zěnme néng ràng nǐ tāo yāobāo?

わたしがおごりますよ、あなたにお金を出させるわけにはいきません。

你自己处理吧，我不想给你擦屁股。

Nǐ zìjǐ chǔlǐ ba, wǒ bù xiǎng gěi nǐ cā pìgu.

自分で処理しなさい、わたしはあなたの尻ぬぐいはしたくない。

你的想法太离谱儿了，人家打你的屁股，也是应该的。

Nǐ de xiǎngfǎ tài lípǔr le, rénjia dǎ nǐ de pìgu, yě shì yīnggāi de.

君の考え方は常識外れだ、あの人が厳しく叱るのも当然だ。

小王是靠舔总经理的屁股升的职。

Xiǎo-Wáng shì kào tiǎn zǒngjīnglǐ de pìgu shēng de zhí.

王さんは社長にこびることで出世したのだ。

即使考试成绩好，也不该翘尾巴。

Jíshǐ kǎoshì chéngjì hǎo, yě bù gāi qiào wěiba.

テストの成績が良くても、天狗になるべきではない。

听说你做的菜特别好吃，今天给大家露一手吧。

Tīngshuō nǐ zuò de cài tèbié hǎochī, jīntiān gěi dàjiā lòu yì shǒu ba.

あなたの手料理はとてもおいしいそうですね、今日その腕前を披露してくださいよ。

今天你炒菜，我打下手吧。

Jīntiān nǐ chǎo cài, wǒ dǎ xiàshǒu ba.

今日はあなたが料理を作ってください、わたしは手伝いをしましょう。

她抱上了粗腿以后，一连升了三级。

Tā bàoshangle cūtuǐ yǐhòu, yìlián shēngle sān jí.

彼女は権力者に取り入ってから、続けざまに3階級昇進した。

□ 201
做手脚
zuò shǒujiǎo

いんちきをする、策を施してひそかに不正を働く
類 弄手脚 nòng shǒujiǎo
cf. 295 耍花招 shuǎ huāzhāo

□ 202
费手脚
fèi shǒujiǎo

手間がかかる、面倒である

□ 203
挖墙脚
wā qiángjiǎo

足をすくう、屋台骨をぐらつかせる
類 拆墙脚 chāi qiángjiǎo
cf. 320 使绊子 shǐ bànzi

□ 204
抱佛脚
bào fójiǎo

苦しいときの神頼み（をする）、事が起きてから慌てて手を打つ

□ 205
踢皮球
tī píqiú

たらい回しにする、責任逃れをする

□ 206
上圈套
shàng quāntào

わなにかかる、陥れられる
類 中圈套 zhòng quāntào
反 设圈套 shè quāntào（わなを仕かける）

□ 207
下台阶
xià táijiē

引っ込みをつける、窮地を脱する
関 找台阶 zhǎo táijiē（引き下がるきっかけを探す）

□ 208
摆擂台
bǎi lèitái

（人に）挑戦する、競い合う

1週目

2週目

3週目

4週目

5週目

6週目

7週目

巻末付録

庄家肯定做了什么手脚，要不然我们怎么会连败十局呢？

Zhuāngjiā kěndìng zuòle shénme shǒujiǎo, yàobùrán wǒmen zěnme huì liánbài shí jú ne? ［賭け事の］親はきっと何かいんちきをしたのだ、そうでなければどうして10回連続で負けるだろうか。

环保问题是一件费手脚的事情，不会一下子就解决的。

Huánbǎo wèntí shì yí jiàn fèi shǒujiǎo de shìqing, bú huì yíxiàzi jiù jiějué de.
環境保護の問題は手間がかかることで、すぐに解決できることではない。

我知道他不愿意帮忙，但是没想到他竟然挖了我的墙脚。

Wǒ zhīdao tā bú yuànyì bāngmáng, dànshì méi xiǎngdào tā jìngrán wāle wǒ de qiángjiǎo.
彼が手伝いたくないのは知っていたが、まさかわたしの足をすくうとは思いもしなかった。

明天要高考了，你现在抱佛脚也来不及了。

Míngtiān yào gāokǎo le, nǐ xiànzài bào fójiǎo yě láibují le.
明日は大学入試で、今になって慌ててももう遅いよ。

别再互相踢皮球了，我看你们俩都有责任。

Bié zài hùxiāng tī píqiú le, wǒ kàn nǐmen liǎ dōu yǒu zérèn.
もう互いに責任を押し付け合うな、わたしが見たところ君たち2人とも責任がある。

听说那个政治家是上了政敌的圈套而下的台。

Tīngshuō nàge zhèngzhìjiā shì shàngle zhèngdí de quāntào ér xià de tái.
聞くところによるとあの政治家は政敵のわなにかかって失脚したそうだ。

你一直跟他对着干的话，他就下不了台阶了。

Nǐ yìzhí gēn tā duìzhegàn dehuà, tā jiù xiàbuliǎo táijiē le.
あなたがずっと張り合っていると、彼は引っ込みがつかなくなります。

这次武术比赛是徒弟摆擂台，向师傅挑战。

Zhè cì wǔshù bǐsài shì túdi bǎi lèitái, xiàng shīfu tiǎozhàn.
今回の武術の試合で弟子が師匠に挑戦する。

□ 209

无头案
wútóu'àn

迷宮入りの事件、手がかりのない事件

□ 210

死脑筋
sǐnǎojīn

石頭、頑固な人
類 死心眼儿 sǐxīnyǎnr

□ 211

厚脸皮
hòuliǎnpí

厚かましいこと、面の皮が厚いこと
類 二皮脸 èrpíliǎn

□ 212

假面具
jiǎmiànjù

化けの皮、仮面

□ 213

眼中钉
yǎnzhōngdīng

目の敵、目の上のこぶ
類 肉中刺 ròuzhōngcì

□ 214

口头禅
kǒutóuchán

口癖

□ 215

顺风耳
shùnfēng'ěr

早耳、地獄耳

□ 216

耳边风
ěrbiānfēng

聞き流す言葉
類 耳旁风 ěrpángfēng

1 週目

2 週目

3 週目

4 週目

5 週目

6 週目

7 週目

巻末付録

十年前的那件抢劫案成了无头案。

Shí nián qián de nà jiàn qiǎngjié'àn chéngle wútóu'àn.

10年前のあの強盗事件は迷宮入りになった。

他是个死脑筋，要想说服他太难了。

Tā shì ge sǐnǎojīn, yào xiǎng shuōfú tā tài nán le.

彼は石頭で、説得するのはとても難しい。

她真是厚脸皮，没人约她，她却来参加晚会了。

Tā zhēn shì hòuliǎnpí, méi rén yuē tā, tā què lái cānjiā wǎnhuì le.

彼女は本当に厚かましい、誰も誘っていないのにパーティーに来た。

那个政治家的假面具被群众揭穿了。

Nàge zhèngzhìjiā de jiǎmiànjù bèi qúnzhòng jiēchuān le.

あの政治家の化けの皮が民衆によってはがされた。

科长把他看做眼中钉，总是跟他过不去。

Kēzhǎng bǎ tā kànzuò yǎnzhōngdīng, zǒngshì gēn tā guòbuqù.

課長は彼を目の敵にしていて、いつも困らせている。

"没问题"是老陈的口头禅，为保险起见，你还是亲自去看看吧。

"Méi wèntí" shì Lǎo-Chén de kǒutóuchán, wèi bǎoxiǎn qǐjiàn, nǐ háishi qīnzì qù kànkan ba.

「大丈夫だ」は陳さんの口癖です、念のために、やはり自分で見てきてください。

她是顺风耳，消息特别灵通。

Tā shì shùnfēng'ěr, xiāoxi tèbié língtōng.

彼女は早耳で、かなりの情報通である。

你不该把父母的话当做耳边风。

Nǐ bù gāi bǎ fùmǔ de huà dàngzuò ěrbiānfēng.

あなたは親の話を聞き流すべきではない。

□ 217
拿手戏
náshǒuxì

十八番、得意技
（おはこ）

□ 218
伸手派
shēnshǒupài

他力本願の人、他人の力をあてにする人

□ 219
大手笔
dàshǒubǐ

大規模な計画

□ 220
二手货
èrshǒuhuò

中古品

□ 221
一把手
yìbǎshǒu

①やり手　②最高責任者
※②のときは"yībǎshǒu"と発音する

□ 222
三只手
sānzhīshǒu

すり

□ 223
多面手
duōmiànshǒu

多芸多才の人、マルチな才能を発揮できる人

□ 224
左右手
zuǒyòushǒu

右腕、最も頼りになる補佐役

唱《我只在乎你》是她的拿手戏。

Chàng《Wǒ zhǐ zàihu nǐ》shì tā de náshǒuxì.

『時の流れに身をまかせ』を歌うのは彼女の十八番だ。

自己的事情应该自己做，不应该做伸手派。

Zìjǐ de shìqing yīnggāi zìjǐ zuò, bù yīnggāi zuò shēnshǒupài.

自分のことは自分でやるべきで、他力本願になってはいけない。

奥运会开幕式是个大手笔，绝对不能出错。

Àoyùnhuì kāimùshì shì ge dàshǒubǐ, juéduì bù néng chū cuò.

オリンピックの開幕式は大規模な計画で、絶対に間違いは起こせない。

二手货手机在中国销路很好。

Èrshǒuhuò shǒujī zài Zhōngguó xiāolù hěn hǎo.

中国では中古の携帯電話の売れ行きがいい。

无论家里家外，她都是一把手。

Wúlùn jiā li jiā wài, tā dōu shì yìbǎshǒu.

彼女は家の中でも外でもなかなかのやり手だ。

坐公共汽车时，要小心三只手。

Zuò gōnggòng qìchē shí, yào xiǎoxīn sānzhīshǒu.

バスに乗るとき、すりに気を付けてください。

我们要培养技术方面的多面手。

Wǒmen yào péiyǎng jìshù fāngmiàn de duōmiànshǒu.

わたしたちはいろいろな仕事ができる技術者を育てなければならない。

他是局长最欣赏的左右手。

Tā shì júzhǎng zuì xīnshǎng de zuǒyòushǒu.

彼は局長お気に入りの右腕である。

1週目 2週目 3週目 4週目 5週目 6週目 7週目 巻末付録

Review 4

今週学習した慣用句です。1週間の復習に役立ててください。
（　　）の中の数字は見出し語番号です。

□ 足をすくう	挖墙脚	wā qiángjiǎo (203)
□ 厚かましいこと	厚脸皮	hòuliǎnpí (211)
□ 石頭	死脑筋	sǐnǎojīn (210)
□ いんちきをする	做手脚	zuò shǒujiǎo (201)
□ 腕前を披露する	露一手	lòu yì shǒu (198)
□ うんざりする	倒胃口	dǎo wèikǒu (191)
□ おどけた顔をする	做鬼脸	zuò guǐliǎn (185)
□ 十八番 <small>お は こ</small>	拿手戏	náshǒuxì (217)
□ 思うままに操る	牵鼻子	qiān bízi (177)
□ 金に執着する	钻钱眼	zuān qiányǎn (175)
□ 気が利かない	没心眼儿	méi xīnyǎnr (172)
□ 聞き流す言葉	耳边风	ěrbiānfēng (216)
□ 厳しく叱る	打屁股	dǎ pìgu (195)
□ 興味をかき立てる	吊胃口	diào wèikǒu (189)

1週目

2週目

3週目

4週目

5週目

6週目

7週目

巻末付録

□ 気を使う	**费心思**	fèi xīnsi (183)
□ 口癖	**口头禅**	kǒutóuchán (214)
□ 苦しいときの神頼み	**抱佛脚**	bào fójiǎo (204)
□ 権力者に取り入る	**抱粗腿**	bào cūtuǐ (200)
□ 言葉を費やす	**费唇舌**	fèi chúnshé (180)
□ こびへつらう	**舔屁股**	tiǎn pìgu (196)
□ 支払う	**掏腰包**	tāo yāobāo (193)
□ 性に合う	**对胃口**	duì wèikǒu (190)
□ 尻ぬぐいをする	**擦屁股**	cā pìgu (194)
□ 白目をむく	**翻白眼**	fān báiyǎn (174)
□ すり	**三只手**	sānzhīshǒu (222)
□ 善玉を演じる	**唱红脸**	chàng hóngliǎn (188)
□ 大規模な計画	**大手笔**	dàshǒubǐ (219)
□ 多芸多才の人	**多面手**	duōmiànshǒu (223)

Review 4

☐ たまにごちそうを食べる	打牙祭	dǎ yájì (181)
☐ たらい回しにする	踢皮球	tī píqiú (205)
☐ 他力本願の人	伸手派	shēnshǒupài (218)
☐ 中古品	二手货	èrshǒuhuò (220)
☐ 挑戦する	摆擂台	bǎi lèitái (208)
☐ 手伝いをする	打下手	dǎ xiàshǒu (199)
☐ 手間がかかる	费手脚	fèi shǒujiǎo (202)
☐ 天狗になる	翘尾巴	qiào wěiba (197)
☐ 仲たがいする	撕破脸	sīpò liǎn (187)
☐ 化けの皮	假面具	jiǎmiànjù (212)
☐ 早耳	顺风耳	shùnfēng'ěr (215)
☐ 腹を壊す	闹肚子	nào dùzi (192)
☐ 引っ込みをつける	下台阶	xià táijiē (207)
☐ 仏頂面をする	拉下脸	lāxià liǎn (186)

1 週目

2 週目

3 週目

4 週目

5 週目

6 週目

7 週目

巻末付録

☐ 減らず口をたたく	耍贫嘴	shuǎ pínzuǐ (179)
☐ 保証する	拍胸脯	pāi xiōngpú (184)
☐ 右腕	左右手	zuǒyòushǒu (224)
☐ 耳打ちする	咬耳朵	yǎo ěrduo (182)
☐ 迷宮入りの事件	无头案	wútóu'àn (209)
☐ 目が高い	有眼光	yǒu yǎnguāng (173)
☐ 目配せする	使眼色	shǐ yǎnsè (170)
☐ めそめそする	哭鼻子	kū bízi (178)
☐ 目の敵 かたき	眼中钉	yǎnzhōngdīng (213)
☐ 目の保養をする	饱眼福	bǎo yǎnfú (169)
☐ 目鼻が付く	有眉目	yǒu méimu (176)
☐ やり手	一把手	yìbǎshǒu (221)
☐ わなにかかる	上圈套	shàng quāntào (206)
☐ 悪口を言う	上眼药	shàng yǎnyào (171)

唱 红 脸

chàng hóngliǎn

　京劇で、忠臣（忠義を尽くす家来）に扮する役者が顔を赤く隈取ったことから「善玉を演じる、正義派の役割を果たす」という意味を持つようになりました。反義語は "唱白脸 chàng báiliǎn"（悪玉を演じる、憎まれ役を買って出る）で、奸臣（腹黒い家来）に扮する役者が、顔を白く隈取ったことからそう言われるようになったとされています。

　芝居の役者の隈取りには、ほかにも "黑脸 hēiliǎn"（豪快な人物の隈取り）や "花脸 huāliǎn"（性格の荒々しい人物の隈取り）などがあります。ちなみに、三国志に登場する関羽は "红脸 hóngliǎn"、公明正大な人物の代表として知られる包拯（北宋の政治家）は "黑脸 hēiliǎn" と決まっています。

　以上の隈取りの特徴を踏まえて京劇を鑑賞すると、さらに理解が深まると思います。

※慣用句の出自には諸説があります

→ "唱红脸 chàng hóngliǎn" の見出し語番号は 188

1週目
2週目
3週目
4週目
5週目
6週目
7週目
巻末付録

□ 225

唱反调
chàng fǎndiào

異議を唱える、相反する主張や行動をとる

□ 226

唱双簧
chàng shuānghuáng

（2人が）ぐるになって行う

□ 227

唱主角
chàng zhǔjué

（重要な仕事の）責任者になる

□ 228

拉家常
lā jiācháng

世間話をする、おしゃべりをする

□ 229

扣帽子
kòu màozi

レッテルを貼る
反 摘帽子 zhāi màozi（汚名をそそぐ）

□ 230

戴高帽
dài gāomào

おだてる、お世辞を言う

□ 231

甩袖子
shuǎi xiùzi

①（仕事などを）放り出す
②腹を立てる

□ 232

亮底牌
liàng dǐpái

切り札を出す、手の内を見せる
類 摊底牌 tān dǐpái

你不要处处跟我唱反调。

Nǐ búyào chùchù gēn wǒ chàng fǎndiào.

あなたは何でもかんでもわたしに異議を唱えないでください。

他们俩在唱双簧，你别上当。

Tāmen liǎ zài chàng shuānghuáng, nǐ bié shàngdàng.

彼ら2人はぐるだから、だまされないでください。

下午的说明会，小王唱主角。

Xiàwǔ de shuōmínghuì, Xiǎo-Wáng chàng zhǔjué.

午後のプレゼンは王さんが中心となる。

家庭妇女们为了消磨时间，常常聚在一起拉家常。

Jiātíng fùnǚmen wèile xiāomó shíjiān, chángcháng jùzài yìqǐ lā jiācháng.

専業主婦たちは暇つぶしに、よく集まっておしゃべりをする。

批评人一定要客观，不能随便扣帽子。

Pīpíng rén yídìng yào kèguān, bù néng suíbiàn kòu màozi.

人を批評するなら必ず客観的であるべきで、勝手にレッテルを貼ってはいけない。

你给我戴高帽，我也帮不了你的忙。

Nǐ gěi wǒ dài gāomào, wǒ yě bāngbuliǎo nǐ de máng.

わたしをおだてても、お役に立てません。

你既然已经答应了，就不该甩袖子。

Nǐ jìrán yǐjīng dāying le, jiù bù gāi shuǎi xiùzi.

あなたは承諾した以上、放り出してはいけない。

现在到了我们亮底牌的时候了。

Xiànzài dàole wǒmen liàng dǐpái de shíhou le.

今こそわたしたちが切り札を出すときだ。

□ 233

打光棍儿
dǎ guānggùnr

（男性が）独身でいる
関 王老五 Wánglǎowǔ（独身者）
※同タイトルの映画に由来する

□ 234

打水漂
dǎ shuǐpiāo

金が無駄になる、浪費する

□ 235

打头阵
dǎ tóuzhèn

先頭に立つ、先陣を切る
類 打先锋 dǎ xiānfēng

□ 236

打头炮
dǎ tóupào

最初に発言する

□ 237

打埋伏
dǎ máifu

（物資、財産、問題などを）隠しておく

□ 238

打底子
dǎ dǐzi

基礎を固める

□ 239

打八刀
dǎ bā dāo

（女性から）別れ話を持ち出す、離婚する
⇒コラム

□ 240

打算盘
dǎ suànpan

そろばんをはじく、損得勘定をする

1 週目

2 週目

3 週目

4 週目

5 週目

6 週目

7 週目

巻末付録

农村有很多打光棍儿的人。

Nóngcūn yǒu hěn duō dǎ guānggùnr de rén.

農村には独身の男性が多い。

你让她办公司等于拿钱打水漂。

Nǐ ràng tā bàn gōngsī děngyú ná qián dǎ shuǐpiāo.

彼女に会社を経営させるなんて金の無駄だ。

马主任做什么工作都打头阵，部长很欣赏他。

Mǎ zhǔrèn zuò shénme gōngzuò dōu dǎ tóuzhèn, bùzhǎng hěn xīnshǎng tā.

馬主任はどんな仕事も先頭に立ってやるので、部長は彼を気に入っている。

今天开会时谁来打头炮？

Jīntiān kāihuì shí shéi lái dǎ tóupào?

今日の会議は誰から発言しますか。

你再跟我打埋伏，我就更为难了。

Nǐ zài gēn wǒ dǎ máifu, wǒ jiù gèng wéinán le.

これ以上隠されると、わたしはもっと困ってしまいます。

学外语一定要先打好底子。

Xué wàiyǔ yídìng yào xiān dǎhǎo dǐzi.

外国語の勉強は必ず初めに基礎を固めなければならない。

他老婆要和他打八刀，他正在喝闷酒呢。

Tā lǎopo yào hé tā dǎ bā dāo, tā zhèngzài hē mènjiǔ ne.

奥さんが彼に別れ話を持ち出したので、彼は今やけ酒を飲んでいる。

他们表面上关系不错，但心里面各自打着自己的算盘。

Tāmen biǎomiàn shang guānxi búcuò, dàn xīn lǐmian gèzì dǎzhe zìjǐ de suànpan.

彼らは表面上は関係が良いが、心の中ではそれぞれそろばんをはじいている。

Check 1 ⇒ Check 2　　　　　　　　　　　　　　　　　🎧 31

□ 241

矮半截
ǎi bànjié

人より劣る、はるかに低い
類 矮一截 ǎi yì jié
　　矮一头 ǎi yì tóu
　　矮三分 ǎi sān fēn

□ 242

凉半截
liáng bànjié

失望する、がっかりする

□ 243

做生意
zuò shēngyi

商売をする
類 做买卖 zuò mǎimai

□ 244

做文章
zuò wénzhāng

あげつらう、言いがかりをつける

□ 245

烧高香
shāo gāoxiāng

（願い事がかなって神様に）感謝する

□ 246

断香火
duàn xiānghuǒ

跡継ぎが絶える

□ 247

泡蘑菇
pào mógu

ごねる、からむ、ぐずぐずする

□ 248

泡病号
pào bìnghào

①仮病で休む
②大した病気ではないのに長期間休む

在收入上，她觉得自己比老同学矮半截。
Zài shōurù shang, tā juéde zìjǐ bǐ lǎotóngxué ǎi bànjié.
収入の面で、彼女は自分が昔の同級生より劣っていると感じている。

高考发榜时他看到自己没考上，心里凉了半截。
Gāokǎo fābǎng shí tā kàndào zìjǐ méi kǎoshang, xīn li liángle bànjié.
大学の合格発表のとき、彼は自分が合格していないのを見てがっかりした。

大学一毕业，他就上南方做生意去了。
Dàxué yí bìyè, tā jiù shàng nánfāng zuò shēngyi qù le.
大学を卒業すると、彼はすぐに南方へ商売をしに行った。

这么点儿小事，你做什么文章？
Zhème diǎnr xiǎoshì, nǐ zuò shénme wénzhāng?
こんな取るに足らないことなのに、あなたはどうしてあげつらうのだ。

只要孩子能考上大学，我就烧高香了。
Zhǐyào háizi néng kǎoshang dàxué, wǒ jiù shāo gāoxiāng le.
子どもが大学に合格さえすれば、わたしは神様に感謝する。

随着时代的变化，一些传统工艺断香火的问题越来越严重了。
Suízhe shídài de biànhuà, yìxiē chuántǒng gōngyì duàn xiānghuǒ de wèntí yuè lái yuè yánzhòng le.
時代の変化に伴って、一部の伝統工芸の跡継ぎ問題がますます深刻になってきた。

孩子泡了半天蘑菇，但母亲还是没给他买玩具。
Háizi pàole bàntiān mógu, dàn mǔqin háishi méi gěi tā mǎi wánjù.
子どもは長い時間ごねたが、母親はそれでもおもちゃを買ってやらなかった。

他经常泡病号，这次涨工资肯定没有他的份儿。
Tā jīngcháng pào bìnghào, zhè cì zhǎng gōngzī kěndìng méi yǒu tā de fènr.
彼はよく仮病で休むので、今回の昇給は彼とは無縁だ。

Check 1 ⇒ Check 2　　　　　　　　　　　　　　　　　　🎧 32

□ 249

走过场
zǒu guòchǎng

お茶を濁す

□ 250

捉迷藏
zhuō mícáng

はぐらかす、謎めかした振る舞いをする

□ 251

装糊涂
zhuāng hútu

とぼける、しらばくれる

□ 252

变戏法
biàn xìfǎ

ごまかす
類 变把戏 biàn bǎxì

□ 253

摆摊子
bǎi tānzi

見栄を張る、上層部の見栄のために機構・
組織を必要以上に拡大する
cf. 077 摆门面 bǎi ménmian

□ 254

穿小鞋
chuān xiǎoxié

意地悪をする、難癖をつける

□ 255

放冷箭
fàng lěngjiàn

陰で中傷する、暗に人を陥れる

□ 256

喝倒彩
hè dàocǎi

やじを飛ばす
類 叫倒好儿 jiào dàohǎor

记者提的问题很尖锐，首相的回答却走过场。

Jìzhě tí de wèntí hěn jiānruì, shǒuxiàng de huídá què zǒu guòchǎng.

記者の質問は鋭かったが、首相の返答はお茶を濁したものだった。

我让他解释被罚款的原因，他却跟我捉迷藏。

Wǒ ràng tā jiěshì bèi fákuǎn de yuányīn, tā què gēn wǒ zhuō mícáng.

わたしは罰金を課された理由を彼に説明させたが、彼ははぐらかした。

你别装糊涂了，快点儿坦白吧。

Nǐ bié zhuāng hútu le, kuài diǎnr tǎnbái ba.

とぼけないで、早く白状しなさい。

那家公司在商品产地上变戏法，赚了不少钱。

Nà jiā gōngsī zài shāngpǐn chǎndì shang biàn xìfǎ, zhuànle bù shǎo qián.

あの会社は商品の産地をごまかして大もうけをした。

有的乡镇经济很落后，可是乡镇干部却喜欢摆摊子。

Yǒude xiāngzhèn jīngjì hěn luòhòu, kěshì xiāngzhèn gànbù què xǐhuan bǎi tānzi.

一部の村は経済が大変遅れているが、村の幹部は見栄を張りたがる。

上司经常给我穿小鞋，我不知道该怎么办。

Shàngsi jīngcháng gěi wǒ chuān xiǎoxié, wǒ bù zhīdào gāi zěnme bàn.

上司がよくわたしに意地悪をするので、わたしはどうすればいいか分からない。

那个人在会上一句反对的话都不说，专在背地放冷箭。

Nàge rén zài huì shang yí jù fǎnduì de huà dōu bù shuō, zhuān zài bèidì fàng lěngjiàn.

あの人は会議で反対意見をひと言も言わず、陰で人を中傷する。

那几个人总喝倒彩，真讨厌。

Nà jǐ ge rén zǒng hè dàocǎi, zhēn tǎoyàn.

あの人たちはよくやじを飛ばすので、本当に嫌らしい。

1 週目
2 週目
3 週目
4 週目
5 週目
6 週目
7 週目
巻末付録

□ 257

老油子
lǎoyóuzi

したたか者、海千山千、悪賢い人
類 老油条 lǎoyóutiáo

□ 258

省油灯
shěngyóudēng

おとなしい人、いざこざを起こさない人
※多くは否定形で用いる

□ 259

丑八怪
chǒubāguài

不細工、顔の醜い人

□ 260

半瓶醋
bànpíngcù

生半可、生かじり、半可通

□ 261

醋坛子
cùtánzi

嫉妬深い人
類 醋罐子 cùguànzi
cf. 356 爱吃醋 ài chī cù (よく焼きもちを焼く)

□ 262

桃花运
táohuāyùn

女運、男性の愛情運

□ 263

美人计
měirénjì

美人局（つつもたせ）、ハニートラップ

□ 264

单相思
dānxiāngsī

片思い

老张是个老油子，你不要什么事都听他的。

Lǎo-Zhāng shì ge lǎoyóuzi, nǐ búyào shénme shì dōu tīng tā de.

張さんは海千山千のしたたか者なので、何でもかんでも彼の言うとおりにしてはいけない。

老李可不是省油灯，你千万别得罪他。

Lǎo-Lǐ kě bú shì shěngyóudēng, nǐ qiānwàn bié dézuì tā.

李さんはうるさい人なので、くれぐれも怒らせないように。

那个女明星在新开播的连续剧中扮演了一个丑八怪姑娘。

Nàge nǚmíngxīng zài xīn kāibō de liánxùjù zhōng bànyǎnle yí ge chǒubāguài gūniang.

あの人気女優が最新ドラマでは不細工な娘役を演じている。

尽管在美国留了一年学，但他的英语还是半瓶醋。

Jǐnguǎn zài Měiguó liúle yì nián xué, dàn tā de Yīngyǔ háishi bànpíngcù.

アメリカに1年間留学したが、彼の英語は相変わらず中途半端である。

你和主任交往要注意，他老婆是个醋坛子。

Nǐ hé zhǔrèn jiāowǎng yào zhùyì, tā lǎopo shì ge cùtánzi.

主任との付き合いには気をつけて、彼の奥さんは焼きもち焼きだから。

他今年交桃花运，娶了个大美人。

Tā jīnnián jiāo táohuāyùn, qǔle ge dà měirén.

彼は今年女運が良く、美人の奥さんをもらった。

那部电影的主角使用美人计巧取敌手机密。

Nà bù diànyǐng de zhǔjué shǐyòng měirénjì qiǎoqǔ díshǒu jīmì.

あの映画では、主人公はハニートラップを使って敵の機密情報を入手した。

老王爱小李是单相思，不会有结果的。

Lǎo-Wáng ài Xiǎo-Lǐ shì dānxiāngsī, bú huì yǒu jiéguǒ de.

王さんが李さんを好きなのは片思いで、うまくいくはずがない。

1 週目

2 週目

3 週目

4 週目

5 週目

6 週目

7 週目

巻末付録

□ 265
安乐窝
ānlèwō

快適な住まい、楽しいわが家

□ 266
跳楼价
tiàolóujià

破格の安値、激安価格

□ 267
顶梁柱
dǐngliángzhù

大黒柱、中心となる人物

□ 268
闭门羹
bìméngēng

門前払い

□ 269
门面话
ménmianhuà

体裁の良い話、口先だけの話

□ 270
败家子
bàijiāzǐ

どら息子、親が築いた財産などを食いつぶす子ども
類 败家精 bàijiājīng

□ 271
鬼门关
guǐménguān

地獄の入り口、大変危険なところ

□ 272
群言堂
qúnyántáng

みんなの意見を聞くこと
反 一言堂 yìyántáng（ワンマン、鶴の一声で決めるやり方）

他工作了十几年才买上了安乐窝。

Tā gōngzuòle shí jǐ nián cái mǎishangle ānlèwō.

彼は十数年働いて、やっと快適なわが家を買いました。

現在已经是跳楼价了，不能再便宜了。

Xiànzài yǐjīng shì tiàolóujià le, bù néng zài piányi le.

もうすでに激安価格なので、これ以上安くはできません。

父亲去世以后，哥哥成了我们家的顶梁柱。

Fùqin qùshì yǐhòu, gēge chéngle wǒmen jiā de dǐngliángzhù.

父が死んでから、兄がわたしたちの家の大黒柱となった。

我昨天去朋友家借钱吃了闭门羹。

Wǒ zuótiān qù péngyou jiā jiè qián chīle bìméngēng.

昨日友人の家に借金をしに行ったが、門前払いされた。

他说的是门面话，这一点大家都清楚。

Tā shuō de shì ménmianhuà, zhè yì diǎn dàjiā dōu qīngchu.

彼が言ったのは体裁の良い話で、この点はみんなが分かっている。

你这个败家子，一个月为酒花了五千块钱，气死我了。

Nǐ zhège bàijiāzǐ, yí ge yuè wèi jiǔ huāle wǔqiān kuài qián, qìsǐ wǒ le.

このどら息子、1カ月で酒に5000元も使って、本当に頭に来る。

你借高利贷，等于走进了鬼门关。

Nǐ jiè gāolìdài, děngyú zǒujìnle guǐménguān.

高利の金を借りるのは、地獄の入り口に足を踏み入れるのと同じだ。

我们不搞一言堂，我们搞的是群言堂。

Wǒmen bù gǎo yìyántáng, wǒmen gǎo de shì qúnyántáng.

われわれは鶴の一声で決めずに、みんなの意見を聞きます。

□ 273

随风倒
suífēngdǎo

風見鶏、勢力の強い方につく、自分の考えを持たず力のある方につく

□ 274

想当然
xiǎngdāngrán

思い込む、当て推量をする

□ 275

开门红
kāiménhóng

幸先の良いスタート

□ 276

满堂灌
mǎntángguàn

詰め込み教育

□ 277

手头紧
shǒutóu jǐn

懐が寒い、所持金が少ない

□ 278

连轴转
liánzhóuzhuàn

昼夜休まず働く、フル回転する

□ 279

团团转
tuántuánzhuàn

ぐるぐる回る（さま）、ばたばたする（さま）

□ 280

顶呱呱
dǐngguāguā

とても素晴らしい

類 呱呱叫 guāguājiào

※ "呱呱" は "刮刮" とも書く

1 週目

2 週目

3 週目

4 週目

5 週目

6 週目

7 週目

巻末付録

老李是个随风倒，哪派强跟哪派。

Lǎo-Lǐ shì ge suífēngdǎo, nǎ pài qiáng gēn nǎ pài.

李さんは風見鶏で、強い派閥についていく。

靠想当然是说服不了对方的。

Kào xiǎngdāngrán shì shuōfúbuliǎo duìfāng de.

勝手な思い込みでは相手を説得することはできない。

一月份的出口额创新高，实现了开门红。

Yīyuè fèn de chūkǒu'é chuàng xīn gāo, shíxiànle kāiménhóng.

1月の輸出額は過去最高を記録し、幸先の良いスタートを切った。

满堂灌已经不适应时代的发展了。

Mǎntángguàn yǐjīng bú shìyìng shídài de fāzhǎn le.

詰め込み教育はもう時代の発展にそぐわなくなった。

这个月我手头紧，今天你请客吧。

Zhège yuè wǒ shǒutóu jǐn, jīntiān nǐ qǐngkè ba.

今月は懐が寒いので、今日はあなたがごちそうしてください。

为了按期交货，今天又得连轴转了。

Wèile ànqī jiāohuò, jīntiān yòu děi liánzhóuzhuàn le.

期日通りに納品するため、今日も昼夜休まず働かなければならない。

定购的材料没有送来，他急得团团转。

Dìnggòu de cáiliào méiyou sònglai, tā jíde tuántuánzhuàn.

注文した材料が届かず、彼は焦ってうろうろした。

小周在日本留过三年学，日语水平顶呱呱。

Xiǎo-Zhōu zài Rìběn liúguo sān nián xué, Rìyǔ shuǐpíng dǐngguāguā.

周さんは日本に3年間留学していたので、日本語のレベルはとても素晴らしい。

Review 5

今週学習した慣用句です。1週間の復習に役立ててください。
（　　）の中の数字は見出し語番号です。

□ あげつらう	做文章	zuò wénzhāng (244)
□ 跡継ぎが絶える	断香火	duàn xiānghuǒ (246)
□ 異議を唱える	唱反调	chàng fǎndiào (225)
□ 意地悪をする	穿小鞋	chuān xiǎoxié (254)
□ おだてる	戴高帽	dài gāomào (230)
□ お茶を濁す	走过场	zǒu guòchǎng (249)
□ おとなしい人	省油灯	shěngyóudēng (258)
□ 思い込む	想当然	xiǎngdāngrán (274)
□ 女運	桃花运	táohuāyùn (262)
□ 快適な住まい	安乐窝	ānlèwō (265)
□ 隠しておく	打埋伏	dǎ máifu (237)
□ 陰で中傷する	放冷箭	fàng lěngjiàn (255)
□ 風見鶏	随风倒	suífēngdǎo (273)
□ 片思い	单相思	dānxiāngsī (264)

□ 金が無駄になる	打水漂	dǎ shuǐpiāo (234)
□ 感謝する	烧高香	shāo gāoxiāng (245)
□ 基礎を固める	打底子	dǎ dǐzi (238)
□ 切り札を出す	亮底牌	liàng dǐpái (232)
□ ぐるぐる回る	团团转	tuántuánzhuàn (279)
□ ぐるになって行う	唱双簧	chàng shuānghuáng (226)
□ 仮病で休む	泡病号	pào bìnghào (248)
□ ごねる	泡蘑菇	pào mógu (247)
□ ごまかす	变戏法	biàn xìfǎ (252)
□ 幸先の良いスタート	开门红	kāiménhóng (275)
□ 最初に発言する	打头炮	dǎ tóupào (236)
□ 地獄の入り口	鬼门关	guǐménguān (271)
□ したたか者	老油子	lǎoyóuzi (257)
□ 嫉妬深い人	醋坛子	cùtánzi (261)

Review 5

□ どら息子	败家子	bàijiāzǐ (270)
□ 生半可	半瓶醋	bànpíngcù (260)
□ 破格の安値	跳楼价	tiàolóujià (266)
□ はぐらかす	捉迷藏	zhuō mícáng (250)
□ 人より劣る	矮半截	ǎi bànjié (241)
□ 不細工	丑八怪	chǒubāguài (259)
□ 懐が寒い	手头紧	shǒutóu jǐn (277)
□ 放り出す	甩袖子	shuǎi xiùzi (231)
□ 見栄を張る	摆摊子	bǎi tānzi (253)
□ みんなの意見を聞くこと	群言堂	qúnyántáng (272)
□ 門前払い	闭门羹	bìméngēng (268)
□ やじを飛ばす	喝倒彩	hè dàocǎi (256)
□ レッテルを貼る	扣帽子	kòu màozi (229)
□ 別れ話を持ち出す	打八刀	dǎ bā dāo (239)

打 八 刀
dǎ bā dāo

　「（女性から）別れ話を持ち出す、離婚する」という意味です。中国の北方ではよく使われ、"离婚 líhūn"よりも"闹离婚 nào líhūn"に近く、離婚しようとしてあちこちで騒ぎ立てたり、めちゃくちゃにもめたりするという意味合いがあります。「分ける、分かれる」という意味の"分 fēn"という漢字を"八 bā"と"刀 dāo"に分解して表現した形です。日本語でも旧漢字の「戀」の字をユーモラスに「いと（糸）し、いと（糸）しと言う心」と分解して読むことがあるようですが、この形と少し似ていますね。

　では、ここで漢字クイズを1つ。中国語の簡体字の"杂 zá"という漢字を分解するとできる中国語の5文字の慣用句とは何でしょう。答えは"八九不离十 bā jiǔ bù lí shí"（十中八九）です。"杂"の字をよく見ると、「八と九が十から離れず」に"杂"という1文字を形作っていることが分かりますね。

※慣用句の出自には諸説があります

→ "打八刀 dǎ bā dāo"の見出し語番号は239

キクタン中国語
6 週目

✔ 学習したらチェック！

□ 281
出风头
chū fēngtou

出しゃばる

□ 282
避风头
bì fēngtou

風当たりを避ける、非難や批判の矛先を
避ける

□ 283
担风险
dān fēngxiǎn

リスクを負う

□ 284
看风色
kàn fēngsè

成り行きを見る、情勢を観察する
類 看风头 kàn fēngtou
　　看风向 kàn fēngxiàng

□ 285
借东风
jiè dōngfēng

チャンスをとらえる、有利な形勢を利用
する

□ 286
占上风
zhàn shàngfēng

優位に立つ

□ 287
吹冷风
chuī lěngfēng

皮肉を言う、けちをつける、水を差す

□ 288
逞威风
chěng wēifēng

威張り散らす
類 耍威风 shuǎ wēifēng
cf. 312 耍态度 shuǎ tàidu、
　　338 摆架子 bǎi jiàzi（威張る）

1週目
2週目
3週目
4週目
5週目
6週目
7週目
巻末付録

她在会上出风头，给上司提了一大堆意见。

Tā zài huì shang chū fēngtou, gěi shàngsi tíle yí dà duī yìjian.

彼女は会議で出しゃばり、上司に山ほど意見した。

妈妈还在生你的气，你先出去避避风头吧。

Māma hái zài shēng nǐ de qì, nǐ xiān chūqu bìbi fēngtou ba.

お母さんはまだあなたのことを怒ってるから、とりあえず外に行っていなさい。

做生意是要担风险的，每次都赚大钱是不可能的。

Zuò shēngyi shì yào dān fēngxiǎn de, měi cì dōu zhuàn dàqián shì bù kěnéng de.

ビジネスとはリスクを負わなければならないもので、毎回大金を稼げることなどあり得ない。

买不买房子，我想看看风色再决定。

Mǎi bu mǎi fángzi, wǒ xiǎng kànkan fēngsè zài juédìng.

家を買うかどうかは、様子を見てから決めたい。

我们要借改革开放的东风走出去。

Wǒmen yào jiè gǎigé kāifàng de dōngfēng zǒuchūqu.

われわれは改革開放のチャンスを利用して海外に進出しよう。

比赛的前半场，A队一直占上风。

Bǐsài de qiánbànchǎng, A duì yìzhí zhàn shàngfēng.

試合の前半戦は、Aチームがずっと優位に立っている。

她爱吹冷风，这件事最好别让她知道。

Tā ài chuī lěngfēng, zhè jiàn shì zuìhǎo bié ràng tā zhīdao.

彼女はよく皮肉を言うので、このことは彼女に知らせない方がいい。

他地位很高，但在我们面前，从来没有逞过威风。

Tā dìwèi hěn gāo, dàn zài wǒmen miànqián, cónglái méiyou chěngguo wēifēng.

彼は地位が高いが、わたしたちの前では威張り散らしたことはない。

□ 289 **成气候** chéng qìhòu	見込みがある ※多くは否定形で用いる
□ 290 **钻空子** zuān kòngzi	すきに乗じる
□ 291 **侃大山** kǎn dàshān	おしゃべりをする、とりとめのない世間話をする ※"砍大山"とも書く
□ 292 **攀高枝ル** pān gāozhīr	玉のこしに乗る、権力者に取り入る 類 巴高枝ル bā gāozhīr
□ 293 **敲竹杠** qiāo zhúgàng	ゆする、高値を吹っかける
□ 294 **捞稻草** lāo dàocǎo	悪あがきをする、おぼれる者はわらをもつかむ
□ 295 **耍花招** shuǎ huāzhāo	①いんちきをする　②小細工をする 類 玩花样 wán huāyàng　耍把戏 shuǎ bǎxì cf. 201 做手脚 zuò shǒujiǎo
□ 296 **和稀泥** huò xīní	（物事を）いいかげんにまとめる、適当に妥協させる

这个孩子爱耍小聪明，将来肯定成不了气候。

Zhège háizi ài shuǎ xiǎocōngming, jiānglái kěndìng chéngbuliǎo qìhòu.

この子は小ざかしく立ち回ってばかりいて、将来ものになるはずがない。

我们要做好保密工作，以免让对方钻了空子。

Wǒmen yào zuòhǎo bǎomì gōngzuò, yǐmiǎn ràng duìfāng zuānle kòngzi.

相手につけ込まれないように、われわれはきちんと秘密保持をしなければならない。

朋友聚会喝酒、侃大山是件乐事。

Péngyou jùhuì hē jiǔ, kǎn dàshān shì jiàn lèshì.

友人が集まってお酒を飲んだり、おしゃべりをしたりするのは楽しいことだ。

她攀上了高枝儿以后，就不跟老同学交往了。

Tā pānshangle gāozhīr yǐhòu, jiù bù gēn lǎotóngxué jiāowǎng le.

彼女は玉のこしに乗ってから、昔の同級生と付き合わなくなった。

那个交通警察敲违章司机的竹杠被降了职。

Nàge jiāotōng jǐngchá qiāo wéizhāng sījī de zhúgàng bèi jiàngle zhí.

あの交通警察官は違反ドライバーをゆすって、降格させられた。

事情已经败露，你就别捞稻草了。

Shìqing yǐjīng bàilù, nǐ jiù bié lāo dàocǎo le.

すでにばれたのだから、悪あがきをしないでください。

你们俩都不要耍花招，光明正大地竞争吧。

Nǐmen liǎ dōu búyào shuǎ huāzhāo, guāngmíng zhèngdà de jìngzhēng ba.

2人ともいんちきをしないで、正々堂々と競争してください。

谁是谁非一定要弄清楚，不能和稀泥。

Shéi shì shéi fēi yídìng yào nòngqīngchu, bù néng huò xīní.

誰が正しいか必ずはっきりさせなければならず、いいかげんにまとめてはいけない。

1週目 2週目 3週目 4週目 5週目 6週目 7週目 巻末付録

□ 297 **翻老账** fān lǎozhàng	昔のことを蒸し返す 類 翻旧账 fān jiùzhàng
□ 298 **傍大款** bàng dàkuǎn	金持ちに取り入る、金持ちの愛人になる
□ 299 **占便宜** zhàn piányi	①（不当な手段で）利益を得る ②（立場や条件が）有利である 類 捡便宜 jiǎn piányi
□ 300 **走钢丝** zǒu gāngsī	危険を冒す、綱渡りをする
□ 301 **讲价钱** jiǎng jiàqian	（条件などの）駆け引きをする、交渉をする
□ 302 **捞外快** lāo wàikuài	副収入を得る、臨時収入を得る 類 赚外快 zhuàn wàikuài
□ 303 **交学费** jiāo xuéfèi	代価を払う、損をして貴重な教訓を得る
□ 304 **掉书袋** diào shūdài	（好んで古典の文句を引用して）学識をひけらかす、学者ぶる

1 週目

2 週目

3 週目

4 週目

5 週目

6 週目

7 週目

巻末付録

已经过去的事了，你就别翻老账了。

Yǐjīng guòqù de shì le, nǐ jiù bié fān lǎozhàng le.

もう過去のことだから、蒸し返さないでください。

她傍上了大款，经济方面无忧无虑，但她心里面并不觉得幸福。

Tā bàngshangle dàkuǎn, jīngjì fāngmiàn wú yōu wú lǜ, dàn tā xīn lǐmian bìng bù juéde xìngfú.　彼女は金持ちに取り入り、経済的には心配することは何もないが、心の中では幸せを感じていない。

她爱占便宜，所以你跟她交往，还是小心点儿为好。

Tā ài zhàn piányi, suǒyǐ nǐ gēn tā jiāowǎng, háishi xiǎoxīn diǎnr wéi hǎo.

彼女はよくずるいことをして得をしようとするので、彼女と付き合うのなら気を付けた方がいい。

那家公司今年效益不好，你为什么故意走钢丝，买他们的股票呢？

Nà jiā gōngsī jīnnián xiàoyì bù hǎo, nǐ wèi shénme gùyì zǒu gāngsī, mǎi tāmen de gǔpiào ne?

あの会社の今年の業績は悪いのに、どうしてわざわざ危険を冒して、そこの株を買うのですか。

公司要我做什么，我就做什么，和公司从没讲过价钱。

Gōngsī yào wǒ zuò shénme, wǒ jiù zuò shénme, hé gōngsī cóng méi jiǎngguo jiàqian.

会社がやれということは何でもやってきて、今まで会社と駆け引きをしたことはない。

今年我想兼课捞点儿外快。

Jīnnián wǒ xiǎng jiānkè lāo diǎnr wàikuài.

わたしは今年授業を兼任して副収入を得たい。

这次你投资失败也别那么丧气，就当交学费了吧。

Zhè cì nǐ tóuzī shībài yě bié nàme sàngqì, jiù dàng jiāo xuéfèi le ba.

今回投資が失敗したからといってそんなに落ち込むことはない、授業料を払ったと思えばいい。

学生都讨厌爱掉书袋的老师。

Xuésheng dōu tǎoyàn ài diào shūdài de lǎoshī.

学生は、古典の知識をひけらかす教師が嫌いだ。

□ 305

说梦话
shuō mènghuà

寝言を言う、夢のようなことを言う

□ 306

说闲话
shuō xiánhuà

悪口を言う、不満を言う、皮肉を言う
cf. 171 上眼药 shàng yǎnyào

□ 307

说瞎话
shuō xiāhuà

でたらめを言う

□ 308

说胡话
shuō húhuà

①うわごとを言う　②たわごとを言う

□ 309

看笑话
kàn xiàohua

笑いものにする、(人の失敗などを) 笑いぐさにする

□ 310

闹笑话
nào xiàohua

(しくじって) 笑いものになる、笑いぐさになる

□ 311

耍活宝
shuǎ huóbǎo

おどける、おかしな格好をして人を笑わせる

□ 312

耍态度
shuǎ tàidu

①威張る　②当たり散らす
cf. 338 摆架子 bǎi jiàzi
　　288 逞威风 chěng wēifēng (威張り散らす)

你别说梦话了，校花怎么会做你的女朋友呢？

Nǐ bié shuō mènghuà le, xiàohuā zěnme huì zuò nǐ de nǚpéngyou ne?

寝言を言うなよ、学校一の美女が君の彼女になるはずがないじゃないか。

有意见当面说，别在背后说闲话。

Yǒu yìjian dāngmiàn shuō, bié zài bèihòu shuō xiánhuà.

意見があるなら面と向かって言いなよ、陰口を言うんじゃなくてさ。

老吴是个老实人，从来不说瞎话。

Lǎo-Wú shì ge lǎoshírén, cónglái bù shuō xiāhuà.

呉さんは誠実な人で、でたらめを言ったことがない。

你发高烧的时候，说胡话了。

Nǐ fā gāoshāo de shíhou, shuō húhuà le.

あなたは高熱を出したときに、うわごとを言っていましたよ。

你放心吧，我绝不会看你的笑话。

Nǐ fàngxīn ba, wǒ jué bú huì kàn nǐ de xiàohua.

安心してください、わたしは決してあなたの失敗を笑ったりはしません。

我刚到日本时，闹了很多笑话。

Wǒ gāng dào Rìběn shí, nàole hěn duō xiàohua.

日本に来たばかりのとき、わたしはたくさん失態を演じた。

他宴会时耍活宝，大家都喷饭了。

Tā yànhuì shí shuǎ huóbǎo, dàjiā dōu pēnfàn le.

宴会のとき彼がおどけたので、みんなおかしくて吹き出した。

他只不过是一个小职员，但动不动就耍态度。

Tā zhǐ búguò shì yí ge xiǎo zhíyuán, dàn dòngbudòng jiù shuǎ tàidu.

彼は一職員にすぎないが、何かにつけて威張る。

1
週目

2
週目

3
週目

4
週目

5
週目

6
週目

7
週目

巻末付録

□ 313

摸底细
mō dǐxì

内情を探る、事の真相を探る、腹を探る
関 探口气 tàn kǒuqi（腹を探る）

□ 314

套近乎
tào jìnhu

（親しくない人に）取り入る、なれなれしくする、機嫌を取る
類 拉近乎 lā jìnhu
cf. 009 拉交情 lā jiāoqing

□ 315

堵漏洞
dǔ lòudòng

穴をふさぐ、間違いが起きるのを防ぐ、不備を見直す
類 补漏洞 bǔ lòudòng
堵窟窿 dǔ kūlong

□ 316

随大溜
suí dàliù

多数派に従う
類 随大流 suí dàliú

□ 317

拆烂污
chāi lànwū

無責任なことをする、いいかげんなことをして人に迷惑をかける

□ 318

磨洋工
mó yánggōng

だらだら働く、サボる

□ 319

炒鱿鱼
chǎo yóuyú

首にする、解雇する⇒コラム
類 卷铺盖 juǎn pūgai

□ 320

使绊子
shǐ bànzi

足をすくう、人を陥れる
類 下绊子 xià bànzi
cf. 203 挖墙脚 wā qiángjiǎo

你先去那家投资公司摸摸底细**。**

Nǐ xiān qù nà jiā tóuzī gōngsī mōmo dǐxì.

まずはあの投資会社に行って内情を探ってみてください。

她想去欧美留学，所以一见到从欧美大学来的教授就套近乎**。**

Tā xiǎng qù Ōu-Měi liúxué, suǒyǐ yí jiàndào cóng Ōu-Měi dàxué lái de jiàoshòu jiù tào jìnhu.

彼女は欧米に留学に行きたいので、欧米の大学から来た教授を見るとすぐに取り入ろうとする。

专家指出，只有完善法律才能堵**住部分人逃税的**漏洞**。**

Zhuānjiā zhǐchū, zhǐyǒu wánshàn fǎlǜ cái néng dǔzhù bùfen rén táoshuì de lòudòng.

専門家は法律を整備してこそ、一部の人が脱税する穴をふさぐことができると指摘している。

他每次发言都随大溜**，绝不出风头。**

Tā měi cì fāyán dōu suí dàliù, jué bù chū fēngtou.

彼の発言はいつも多数派に従ったもので、絶対に出しゃばったりしない。

你别干这种拆烂污**的事，要不然大家会责备你的。**

Nǐ bié gàn zhè zhǒng chāi lànwū de shì, yàobùrán dàjiā huì zébèi nǐ de.

こんな無責任なことをするな、さもないとみんなから責められるぞ。

快点儿干，再磨洋工**就无法按期交货了。**

Kuài diǎnr gàn, zài mó yánggōng jiù wúfǎ ànqī jiāohuò le.

早くやりなさい、このままだらだら働いていたら期日通りに納品できません。

最近经济不景气，很多人被炒**了**鱿鱼**。**

Zuìjìn jīngjì bù jǐngqì, hěn duō rén bèi chǎole yóuyú.

最近経済が不景気で、多くの人が首にされた。

他在背后给你使绊子**，你为什么还和他交往？**

Tā zài bèihòu gěi nǐ shǐ bànzi, nǐ wèi shénme hái hé tā jiāowǎng?

彼は陰であなたを陥れようとしているのに、どうしてまだ彼と付き合うの。

1 週目
2 週目
3 週目
4 週目
5 週目
6 週目
7 週目
巻末付録

□ 321

书呆子
shūdāizi

本の虫、本ばかり読みふけっていて世の中の事に疎い人

□ 322

活字典
huózìdiǎn

生き字引、物知り

□ 323

小算盘
xiǎosuànpan

（個人や一部の利益のための）打算、損得勘定
類 小九九 xiǎojiǔjiǔ

□ 324

官架子
guānjiàzi

役人風、役人であることをかさにきた態度

□ 325

连珠炮
liánzhūpào

矢継ぎ早、途切れることがないさま
類 机关枪 jīguānqiāng

□ 326

出气筒
chūqìtǒng

うっぷんのはけ口、八つ当たりの相手

□ 327

传声筒
chuánshēngtǒng

（人が言ったことを）受け売りする人
類 传话筒 chuánhuàtǒng

□ 328

冷板凳
lěngbǎndèng

冷遇

1 週目

2 週目

3 週目

4 週目

5 週目

6 週目

7 週目

巻末付録

他是个书呆子，一点儿社交能力也没有。

Tā shì ge shūdāizi, yìdiǎnr shèjiāo nénglì yě méi yǒu.

彼は本の虫で、少しも社交的ではない。

小李是个活字典，问他什么，他都能回答。

Xiǎo-Lǐ shì ge huózìdiǎn, wèn tā shénme, tā dōu néng huídá.

李さんは物知りで、何を聞かれても答えられる。

大家应该为集体着想，不要光打自己的小算盘。

Dàjiā yīnggāi wèi jítǐ zhuóxiǎng, búyào guāng dǎ zìjǐ de xiǎosuànpan.

みんなは集団のために考えるべきで、個人の損得ばかりを考えてはいけない。

王主任官位不大，可是官架子特别大。

Wáng zhǔrèn guānwèi bú dà, kěshì guānjiàzi tèbié dà.

王主任は地位は高くないが、態度はとても大きい。

她说话像连珠炮似的，我没听清楚。

Tā shuōhuà xiàng liánzhūpào shìde, wǒ méi tīngqīngchu.

彼女は矢継ぎ早に話したので、わたしははっきり聞き取れなかった。

他老婆总拿他当出气筒。

Tā lǎopo zǒng ná tā dàng chūqìtǒng.

彼の奥さんはいつも彼をうっぷんのはけ口にする。

他是个传声筒，上司说什么他说什么。

Tā shì ge chuánshēngtǒng, shàngsi shuō shénme tā shuō shénme.

彼は受け売りする人で、上司が言ったことをそのまま言う。

近几年他在公司一直坐冷板凳。

Jìn jǐ nián tā zài gōngsī yìzhí zuò lěngbǎndèng.

ここ数年、彼は会社でずっと冷遇されている。

□ 329

分水岭
fēnshuǐlǐng

分岐点、分かれ目

□ 330

及时雨
jíshíyǔ

①渡りに船　②恵みの雨

□ 331

弄潮儿
nòngcháo'ér

冒険心の強い人、チャレンジ精神の旺盛な人
※"儿" はここでは「男の子」、"弄潮儿" の元の意味は「波と戯れる子供」

□ 332

摇钱树
yáoqiánshù

金のなる木、労せずして金を得るための人や物

□ 333

空城计
kōngchéngjì

もぬけの殻

□ 334

空架子
kōngjiàzi

見かけ倒し、形だけで中身のないこと
類 花架子 huājiàzi

□ 335

独木桥
dúmùqiáo

いばらの道、通りにくい困難な道の例え

□ 336

风凉话
fēngliánghuà

無責任な言葉、皮肉交じりの言葉

三农问题是决定改革成功与否的分水岭。

Sānnóng wèntí shì juédìng gǎigé chénggōng yǔ fǒu de fēnshuǐlǐng.

三農［農業・農村・農民］問題は改革が成功するか否かを決める分岐点である。

我们因人手不够正犯愁的时候，他们三人来了，真是及时雨。

Wǒmen yīn rénshǒu bú gòu zhèng fànchóu de shíhou, tāmen sān rén lái le, zhēn shì jíshíyǔ.

人手が足りなくて困っていたときに、ちょうど彼ら3人がやってきた、本当に渡りに船だった。

他是个弄潮儿，上大学的时候就办起了一家风险企业。

Tā shì ge nòngcháo'ér, shàng dàxué de shíhou jiù bànqǐle yì jiā fēngxiǎn qǐyè.

彼はチャレンジ精神旺盛な人で、大学生のときにもうベンチャー企業を立ち上げた。

你总来要钱，难道我是你的摇钱树吗？

Nǐ zǒng lái yào qián, nándào wǒ shì nǐ de yáoqiánshù ma?

あなたはいつも金をせびりにくるが、わたしはあなたの金のなる木だとでもいうのか。

我想找科长把话说清，可是他来了个空城计。

Wǒ xiǎng zhǎo kēzhǎng bǎ huà shuōqīng, kěshì tā láile ge kōngchéngjì.

わたしは課長と話をつけに行ったが、もぬけの殻だった。

那家公司是个空架子，表面赢利，实际亏损。

Nà jiā gōngsī shì ge kōngjiàzi, biǎomiàn yínglì, shíjì kuīsǔn.

あの会社は見かけ倒しで、表向きは黒字だが、実際は赤字だ。

大家都想走阳关道，可是有时不得不走独木桥。

Dàjiā dōu xiǎng zǒu yángguāndào, kěshì yǒu shí bù dé bù zǒu dúmùqiáo.

誰もが大道を歩きたいが、時にはいばらの道を歩かねばならない。

既然你答应了帮他的忙，就别说风凉话了。

Jìrán nǐ dāyingle bāng tā de máng, jiù bié shuō fēngliánghuà le.

彼を手伝うと約束したからには、無責任なことを言ってはいけない。

1 週目
2 週目
3 週目
4 週目
5 週目
6 週目
7 週目
巻末付録

Review 6

今週学習した慣用句です。1週間の復習に役立ててください。
（　）の中の数字は見出し語番号です。

☐ 足をすくう	使绊子	shǐ bànzi	(320)
☐ 穴をふさぐ	堵漏洞	dǔ lòudòng	(315)
☐ いいかげんにまとめる	和稀泥	huò xīní	(296)
☐ 生き字引	活字典	huózìdiǎn	(322)
☐ いばらの道	独木桥	dúmùqiáo	(335)
☐ 威張り散らす	逞威风	chěng wēifēng	(288)
☐ 威張る	耍态度	shuǎ tàidu	(312)
☐ いんちきをする	耍花招	shuǎ huāzhāo	(295)
☐ 受け売りする人	传声筒	chuánshēngtǒng	(327)
☐ うっぷんのはけ口	出气筒	chūqìtǒng	(326)
☐ うわごとを言う	说胡话	shuō húhuà	(308)
☐ おしゃべりをする	侃大山	kǎn dàshān	(291)
☐ おどける	耍活宝	shuǎ huóbǎo	(311)
☐ 学識をひけらかす	掉书袋	diào shūdài	(304)

1 週目

2 週目

3 週目

4 週目

5 週目

6 週目

7 週目

巻末付録

□ 駆け引きをする　　　　讲价钱　jiǎng jiàqian (301)

□ 風当たりを避ける　　　避风头　bì fēngtou (282)

□ 金のなる木　　　　　　摇钱树　yáoqiánshù (332)

□ 金持ちに取り入る　　　傍大款　bàng dàkuǎn (298)

□ 危険を冒す　　　　　　走钢丝　zǒu gāngsī (300)

□ 首にする　　　　　　　炒鱿鱼　chǎo yóuyú (319)

□ すきに乗じる　　　　　钻空子　zuān kòngzi (290)

□ 代価を払う　　　　　　交学费　jiāo xuéfèi (303)

□ 打算　　　　　　　　　小算盘　xiǎosuànpan (323)

□ 多数派に従う　　　　　随大溜　suí dàliù (316)

□ 玉のこしに乗る　　　　攀高枝儿　pān gāozhīr (292)

□ だらだら働く　　　　　磨洋工　mó yánggōng (318)

□ チャンスをとらえる　　借东风　jiè dōngfēng (285)

□ 出しゃばる　　　　　　出风头　chū fēngtou (281)

Review 6

☐ でたらめを言う	说瞎话	shuō xiāhuà (307)
☐ 取り入る	套近乎	tào jìnhu (314)
☐ 内情を探る	摸底细	mō dǐxì (313)
☐ 成り行きを見る	看风色	kàn fēngsè (284)
☐ 寝言を言う	说梦话	shuō mènghuà (305)
☐ 皮肉を言う	吹冷风	chuī lěngfēng (287)
☐ 副収入を得る	捞外快	lāo wàikuài (302)
☐ 分岐点	分水岭	fēnshuǐlǐng (329)
☐ 冒険心の強い人	弄潮儿	nòngcháo'ér (331)
☐ 本の虫	书呆子	shūdāizi (321)
☐ 見かけ倒し	空架子	kōngjiàzi (334)
☐ 見込みがある	成气候	chéng qìhòu (289)
☐ 昔のことを蒸し返す	翻老账	fān lǎozhàng (297)
☐ 無責任な言葉	风凉话	fēngliánghuà (336)

☐ 無責任なことをする	拆烂污	chāi lànwū	(317)
☐ もぬけの殻	空城计	kōngchéngjì	(333)
☐ 役人風	官架子	guānjiàzi	(324)
☐ 矢継ぎ早	连珠炮	liánzhūpào	(325)
☐ 優位に立つ	占上风	zhàn shàngfēng	(286)
☐ ゆすする	敲竹杠	qiāo zhúgàng	(293)
☐ 利益を得る	占便宜	zhàn piányi	(299)
☐ リスクを負う	担风险	dān fēngxiǎn	(283)
☐ 冷遇	冷板凳	lěngbǎndèng	(328)
☐ 渡りに船	及时雨	jíshíyǔ	(330)
☐ 笑いものにする	看笑话	kàn xiàohua	(309)
☐ 笑いものになる	闹笑话	nào xiàohua	(310)
☐ 悪あがきをする	捞稻草	lāo dàocǎo	(294)
☐ 悪口を言う	说闲话	shuō xiánhuà	(306)

炒鱿鱼

chǎo yóuyú

「首にする、解雇する」という意味です。直訳は「スルメイカを炒める」です。

もともとは“卷铺盖 juǎn pūgai”（布団を丸める）という言葉が、解雇された人が自分の布団を丸めて背負い、出ていく様子から「解雇される」という意味を持つようになったのですが、スルメイカは炒めると布団を丸めたように丸くなり、“卷铺盖”に通じることから、「首にする、解雇する」の意味が生まれたそうです。

“炒鱿鱼 chǎo yóuyú”を料理（スルメイカの炒めもの）の意味で使うこともありますが、ほとんどの場合は「首にする」という意味で使われます。

近年、流行しているのは“炒老板 chǎo lǎobǎn”です。これは「社長を首にする」という意味で、より高い収入が得られる仕事を求めて、社員自ら仕事を辞めることを指して言います。発展を続ける中国の世相をよく表している言葉だと言えます。

※慣用句の出自には諸説があります

→“炒鱿鱼 chǎo yóuyú”の見出し語番号は319

キクタン中国語

7 週目

---

1 週目

2 週目

3 週目

4 週目

5 週目

6 週目

7 週目

巻末付録

□ 337 **挨板子** ái bǎnzi	厳しく叱られる、非難される、油を絞られる 類 挨嘴巴 ái zuǐba
□ 338 **摆架子** bǎi jiàzi	威張る、お高くとまる、もったいぶる 類 端架子 duān jiàzi、拿架子 ná jiàzi cf. 312 耍态度 shuǎ tàidu 　　288 逞威风 chěng wēifēng（威張り散らす）
□ 339 **插杠子** chā gàngzi	口出しする、横やりを入れる
□ 340 **抬杠子** tái gàngzi	言い争う
□ 341 **撂挑子** liào tiāozi	（責任のある）仕事を投げ出す 類 撂担子 liào dànzi
□ 342 **碰钉子** pèng dīngzi	断られる
□ 343 **捂盖子** wǔ gàizi	臭い物にふたをする、（問題を）ひた隠しにする 反 揭盖子 jiē gàizi（明らかにする）
□ 344 **做幌子** zuò huǎngzi	かこつける 類 当幌子 dàng huǎngzi

你不好好儿学习，又得挨爸爸的板子了。

Nǐ bù hǎohāor xuéxí, yòu děi ái bàba de bǎnzi le.

しっかり勉強しないと、またお父さんにこっぴどく叱られるよ。

我又不是你的部下，你冲我摆什么架子？

Wǒ yòu bú shì nǐ de bùxià, nǐ chòng wǒ bǎi shénme jiàzi?

わたしはあなたの部下でもないのに、どうしてそんなに威張るのですか。

这件事与你无关，你别插杠子。

Zhè jiàn shì yǔ nǐ wúguān, nǐ bié chā gàngzi.

このことはあなたと無関係なので、口出しをしないでください。

你们俩别抬杠子了，快点儿干吧。

Nǐmen liǎ bié tái gàngzi le, kuài diǎnr gàn ba.

言い争っていないで、早くやりなさい。

我们一定要干到底，不能半路撂挑子。

Wǒmen yídìng yào gàn dàodǐ, bù néng bànlù liào tiāozi.

わたしたちは必ず最後までやり通さないとダメで、途中で仕事を投げ出してはいけない。

昨天去找老黄帮忙，结果碰了个大钉子。

Zuótiān qù zhǎo Lǎo-Huáng bāngmáng, jiéguǒ pèngle ge dà dīngzi.

昨日黄さんに手伝いを頼みに行ったが、きっぱり断られた。

你们当初不应该捂盖子，不然问题不会搞得这么糟。

Nǐmen dāngchū bù yīnggāi wǔ gàizi, bùrán wèntí bú huì gǎode zhème zāo.

あなたたちは当初問題を隠すべきではなかった、そうでなければこんなにややこしくなっていなかっただろう。

妹妹拿我结婚的事情做幌子去亲戚家借钱，被妈妈骂了一顿。

Mèimei ná wǒ jiéhūn de shìqing zuò huǎngzi qù qīnqi jiā jiè qián, bèi māma màle yí dùn.

妹はわたしの結婚にかこつけて親戚の家に借金をしに行き、母に怒られた。

1 週目
2 週目
3 週目
4 週目
5 週目
6 週目
7 週目
巻末付録

□ 345 **掉链子** diào liànzi	（肝心なところで）問題が生じる、支障をきたす
□ 346 **兜圈子** dōu quānzi	①回りくどく言う　②堂々巡りをする 類 绕圈子 rào quānzi 　　绕弯子 rào wānzi
□ 347 **摆样子** bǎi yàngzi	体裁をつくろう、見せかける 類 装样子 zhuāng yàngzi
□ 348 **卖关子** mài guānzi	もったいぶる、人をじらして自分の要求を承諾させる
□ 349 **煮饺子** zhǔ jiǎozi	人が混み合う、芋を洗うように混雑する
□ 350 **出岔子** chū chàzi	事故が起きる、面倒が起きる 類 出乱子 chū luànzi 　　出娄子 chū lóuzi
□ 351 **出点子** chū diǎnzi	知恵を出す、アイデアを出す 類 出主意 chū zhǔyi
□ 352 **出难题** chū nántí	難題を吹っかける、困らせる

这是最重要的一环，无论如何不能掉链子。

Zhè shì zuì zhòngyào de yì huán, wúlùn rúhé bù néng diào liànzi.

これは最も重要な段階なので、何があっても失敗は許されない。

别兜圈子了，你就开门见山地说吧。

Bié dōu quānzi le, nǐ jiù kāi mén jiàn shān de shuō ba.

回りくどく言わないで、単刀直入に話してください。

道歉的时候一定要有诚意，不能摆样子。

Dàoqiàn de shíhou yídìng yào yǒu chéngyì, bù néng bǎi yàngzi.

謝罪をするときは必ず誠意をもってしなければならない、見せかけではだめだ。

别卖关子了，有话就直说吧。

Bié mài guānzi le, yǒu huà jiù zhíshuō ba.

もったいぶらないで、話があるならはっきり言ってください。

黄金周时，迪斯尼乐园人多得像煮饺子似的。

Huángjīnzhōu shí, Dísīnílèyuán rén duōde xiàng zhǔ jiǎozi shìde.

ゴールデンウィークのとき、ディズニーランドは芋を洗うような人出だった。

这么晚了，小王还没回来，会不会出什么岔子？

Zhème wǎn le, Xiǎo-Wáng hái méi huílai, huì bu huì chū shénme chàzi?

こんな遅くなったのに、王さんはまだ帰ってこない、事故にでもあったんじゃないだろうか。

怎么做才能打开局面，你帮我出出点子。

Zěnme zuò cái néng dǎkāi júmiàn, nǐ bāng wǒ chūchu diǎnzi.

どうすれば局面を打開できるか、あなたにアイデアを出してほしい。

咱们是老朋友，我不会给你出难题的。

Zánmen shì lǎopéngyou, wǒ bú huì gěi nǐ chū nántí de.

古い付き合いなので、あなたに難題を吹っかけたりはしません。

動目

□ 353

出洋相
chū yángxiàng

失態を演じる、恥をさらす

□ 354

揭老底
jiē lǎodǐ

古傷を暴く、昔のことをばらす

□ 355

揭疮疤
jiē chuāngbā

（人の）痛いところを突く

□ 356

爱吃醋
ài chī cù

よく焼きもちを焼く
関 醋罐子 cùguànzi（焼きもち焼き）
cf. 261 醋坛子 cùtánzi

□ 357

吃大户
chī dàhù

金持ちにたかる、裕福な人や組織に飲食や金をねだる

□ 358

吃老本
chī lǎoběn

（過去の実績に満足して）努力しない

□ 359

吃独食
chī dúshí

利益を独り占めする

□ 360

戴绿帽
dài lǜmào

（男性が）妻に浮気される、妻を寝取られる

你知道我五音不全，却要我唱歌，这不是让我出洋相吗？

Nǐ zhīdao wǒ wǔyīn bù quán, què yào wǒ chàng gē, zhè bú shì ràng wǒ chū yángxiàng ma?　わたしが歌が下手なのを知りながら、わたしに歌わせようとするなんて、恥をかかせるつもりですか。

部长听说秘书揭了自己的老底，气得直跺脚。

Bùzhǎng tīngshuō mìshū jiēle zìjǐ de lǎodǐ, qìde zhí duòjiǎo.　部長は秘書が自分の古傷を暴いたと聞き、怒ってじだんだを踏んだ。

谁都有短处，你不应该随便揭别人的疮疤。

Shéi dōu yǒu duǎnchu, nǐ bù yīnggāi suíbiàn jiē biéren de chuāngbā.　誰にでも短所はあります、軽々しく人の痛いところを突くべきではありません。

小李的老婆爱吃醋，小李跟女同事一起吃顿饭，她也闹情绪。

Xiǎo-Lǐ de lǎopo ài chī cù, Xiǎo-Lǐ gēn nǚtóngshì yìqǐ chī dùn fàn, tā yě nào qíngxù.　李さんの奥さんはよく焼きもちを焼く人で、李さんが女性の同僚と食事に行くだけで、彼女は不機嫌になる。

老张办工厂发了财，昨天请人吃饭，我也跟着去吃大户了。

Lǎo-Zhāng bàn gōngchǎng fāle cái, zuótiān qǐng rén chī fàn, wǒ yě gēnzhe qù chī dàhù le.　張さんは工場を経営してお金をもうけ、昨日食事をおごるというのでわたしもついていき、ごちそうになった。

我们不能吃老本，要不断创新。

Wǒmen bù néng chī lǎoběn, yào búduàn chuàngxīn.　われわれは過去の実績に満足して努力を怠ってはいけない、絶えず新しい物を創造しなければならない。

这项研究成果是大家共同努力的结果，可是组长却想吃独食。

Zhè xiàng yánjiū chéngguǒ shì dàjiā gòngtóng nǔlì de jiéguǒ, kěshì zǔzhǎng què xiǎng chī dúshí.　この研究の成果はみんなが一緒に努力した結果なのに、チームリーダーは独占しようとする。

他是个对爱情不专一的人，却担心自己戴绿帽。

Tā shì ge duì àiqíng bù zhuānyī de rén, què dānxīn zìjǐ dài lǜmào.　彼は愛情に一途な人間ではないのに、自分は浮気されることを心配している。

1 週目

2 週目

3 週目

4 週目

5 週目

6 週目

7 週目

巻末付録

Check 1 ⇒ Check 2　　🎧 46

□ 361
打白条
dǎ báitiáo

<ruby>空<rt>から</rt></ruby>手形を出す

□ 362
交白卷
jiāo báijuàn

任務を果たさない、任務を果たせない

□ 363
白费蜡
báifèilà

無駄骨を折る、無駄である
※"瞎子点灯——白费蜡"（目の不自由な人が明かりをつける——ろうそくの無駄）という "歇后语"（しゃれ言葉）から

□ 364
亮黄牌
liàng huángpái

警告する
関 亮红牌 liàng hóngpái（退場させる）

□ 365
走红运
zǒu hóngyùn

幸運に恵まれる、運が良い
類 走好运 zǒu hǎoyùn
反 走背运 zǒu bèiyùn（運が悪い）

□ 366
闯红灯
chuǎng hóngdēng

違法行為をする、危険を冒す

□ 367
开绿灯
kāi lǜdēng

①許可する　②便宜を図る

□ 368
搬救兵
bān jiùbīng

援軍を求める、援助を求める

国务院三番五次地禁止打白条。

Guówùyuàn sān fān wǔ cì de jìnzhǐ dǎ báitiáo.

国務院は空手形を切ることを繰り返し禁止している。

如果市场调查报告你也交白卷，就别怨我不客气了。

Rúguǒ shìchǎng diàochá bàogào nǐ yě jiāo báijuàn, jiù bié yuàn wǒ bú kèqi le.

もし市場調査報告書もまともに出せないなら、遠慮はしないからな。

她已经决心辞职了，你和她说什么都是白费蜡。

Tā yǐjīng juéxīn cízhí le, nǐ hé tā shuō shénme dōu shì báifèilà.

彼女はすでに辞職を決心しました、あなたが彼女に何を言っても無駄です。

对超限排污的企业要亮黄牌。

Duì chāoxiàn páiwū de qǐyè yào liàng huángpái.

規定値を超えて汚染物質を排出する企業に対しては、警告しなくてはならない。

老张走红运，买彩票中了一等奖。

Lǎo-Zhāng zǒu hóngyùn, mǎi cǎipiào zhòngle yīděngjiǎng.

張さんは運が良く、宝くじを買って1等賞に当たった。

这种闯红灯的买卖，我不想做。

Zhè zhǒng chuǎng hóngdēng de mǎimai, wǒ bù xiǎng zuò.

このような違法行為をするような商売など、わたしはやりたくない。

不符合环保标准的项目，我们绝不开绿灯。

Bù fúhé huánbǎo biāozhǔn de xiàngmù, wǒmen jué bù kāi lǜdēng.

環境保護の基準に合わないプロジェクトは、われわれは絶対許可しない。

这么重的东西我们俩搬不动，你去搬救兵吧。

Zhème zhòng de dōngxi wǒmen liǎ bānbudòng, nǐ qù bān jiùbīng ba.

こんなに重い物はわたしたち2人では運べません、援軍を呼んできてください。

Check 1 ⇒ Check 2　　　　　　　　　　　　　　　🎧 47

□ 369
里程碑
lǐchéngbēi

一里塚、歴史の節目とされる大事件

□ 370
挡箭牌
dǎngjiànpái

口実、言い訳

□ 371
保护伞
bǎohùsǎn

後ろ盾、庇護者

□ 372
敲门砖
qiāoménzhuān

（目的を達成するための）手段

□ 373
东道主
dōngdàozhǔ

主催者、ホスト役⇒コラム

□ 374
下坡路
xiàpōlù

落ち目、下り坂
反 上坡路 shàngpōlù（右肩上がり、上り坂）

□ 375
死胡同
sǐhútòng

袋小路、行き詰まること

□ 376
开场白
kāichǎngbái

前置き、プロローグ

1 週目

2 週目

3 週目

4 週目

5 週目

6 週目

7 週目

巻末付録

邓小平的南巡讲话是改革开放的里程碑。

Dèng Xiǎopíng de nánxún jiǎnghuà shì gǎigé kāifàng de lǐchéngbēi.

鄧小平の南巡講話は改革開放の一里塚である。

这个项目失败是你的责任，别拿部下的错误当挡箭牌。

Zhège xiàngmù shībài shì nǐ de zérèn, bié ná bùxià de cuòwù dàng dǎngjiànpái.

このプロジェクトが失敗したのは君の責任だ、部下のミスを口実にするな。

因为局长是她的保护伞，你要求解雇她也白搭。

Yīnwei júzhǎng shì tā de bǎohùsǎn, nǐ yāoqiú jiěgù tā yě báidā.

局長が彼女の後ろ盾だから、彼女を辞めさせるように要求しても無駄だよ。

他把托业考试看做是进入外企的一块敲门砖。

Tā bǎ Tuōyè kǎoshì kànzuò shì jìnrù wàiqǐ de yí kuài qiāoménzhuān.

彼は TOEIC を外資系企業に入社するための手段だと考えている。

他们是东道主，我们就客随主便吧。

Tāmen shì dōngdàozhǔ, wǒmen jiù kè suí zhǔ biàn ba.

彼らはホスト役だから、わたしたちは言うとおりにしましょう。

父亲退休以后，家里的生活就开始走下坡路了。

Fùqin tuìxiū yǐhòu, jiā li de shēnghuó jiù kāishǐ zǒu xiàpōlù le.

父親が定年退職してから、家の生活レベルが下り坂に入った。

技术开发一时走进了死胡同。

Jìshù kāifā yìshí zǒujìnle sǐhútòng.

技術開発は一時行き詰まった。

老张的开场白又臭又长。

Lǎo-Zhāng de kāichǎngbái yòu chòu yòu cháng.

張さんの前置きはつまらなくて長い。

□ 377 **不在乎** bú zàihu	気にしない、意に介さない
□ 378 **不像话** búxiànghuà	話にならない、ひどい、なっていない
□ 379 **不对劲** bú duìjìn	①気が合わない　②変である 類 合不来 hébulái
□ 380 **不起眼ㄦ** bù qǐyǎnr	目立たない、ぱっとしない
□ 381 **不认账** bú rènzhàng	しらを切る、言ったことやしたことを認めない
□ 382 **看不起** kànbuqǐ	見下す、軽視する、侮る 類 瞧不起 qiáobuqǐ 反 看得起 kàndeqǐ（重視する、尊敬する）
□ 383 **没说的** méishuōde	①申し分ない ②問題ない ③相談の余地がない
□ 384 **有的是** yǒudeshì	たくさんある、いくらでもある

老师再三再四地说他，他却一点儿都不在乎。

Lǎoshī zài sān zài sì de shuō tā, tā què yìdiǎnr dōu bú zàihu.

先生は再三彼を注意したが、彼は少しも気にしない。

他不但不反省，还把自己的错误推在我身上，太不像话了。

Tā búdàn bù fǎnxǐng, hái bǎ zìjǐ de cuòwù tuīzài wǒ shēnshang, tài búxiànghuà le.

彼は反省しないどころか、自分のミスをわたしに押し付けてきた、まったくひどすぎる。

老李和老张有点儿不对劲，经常拌嘴。

Lǎo-Lǐ hé Lǎo-Zhāng yǒudiǎnr bú duìjìn, jīngcháng bànzuǐ.

李さんと張さんはあまり気が合わず、よく口げんかをする。

这种手机一点儿都不起眼儿，我不喜欢。

Zhè zhǒng shǒujī yìdiǎnr dōu bù qǐyǎnr, wǒ bù xǐhuan.

この種の携帯電話は全然さえないので、わたしは嫌いです。

你自己答应的事，现在还敢不认账？

Nǐ zìjǐ dāying de shì, xiànzài hái gǎn bú rènzhàng?

あなた自身が約束しておいて、今になってしらを切るつもりですか。

你不要看不起人，不然的话，别人也会看不起你的。

Nǐ búyào kànbuqǐ rén, bùrán dehuà, biéren yě huì kànbuqǐ nǐ de.

人を見下してはいけません、さもないとあなたも人から見下されますよ。

这家公司的售后服务真是没说的。

Zhè jiā gōngsī de shòuhòu fúwù zhēn shì méishuōde.

この会社のアフターサービスは本当に申し分ない。

现在大学毕业找不到工作的人有的是。

Xiànzài dàxué bìyè zhǎobudào gōngzuò de rén yǒudeshì.

今は大学を卒業しても就職できない人がたくさんいる。

1 週目

2 週目

3 週目

4 週目

5 週目

6 週目

7 週目

巻末付録

Check 1 ⇒ Check 2　　　　　　　　　　　　　　　　🎧 49

□ 385
追星族
zhuīxīngzú

（スターの）追っかけ
関 发烧友 fāshāoyǒu（熱狂的なファン）

□ 386
后悔药
hòuhuǐyào

後悔を癒やす薬

□ 387
铁饭碗
tiěfànwǎn

安定した職業、食いはぐれのない職業
反 泥饭碗 nífànwǎn（安定していない職業）
関 金饭碗 jīnfànwǎn（収入や待遇が良い職業）

□ 388
高富帅
gāofùshuài

三高男子、身長と収入が高いイケメン

□ 389
萌萌哒
méngméngdā

超かわいい

□ 390
天知道
tiān zhīdao

神のみぞ知る、誰にも分からない
類 天晓得 tiān xiǎode

□ 391
莫须有
mòxūyǒu

でっち上げの、ありもしない

□ 392
假正经
jiǎzhèngjing

まじめぶる

她是个追星族，明星走到哪里她跟到哪里。

Tā shì ge zhuīxīngzú, míngxīng zǒudào nǎli tā gēndào nǎli.

彼女は追っかけで、推しが行くところにはどこにでも行く。

事情已经到了这个地步，你吃后悔药也没用了。

Shìqing yǐjīng dàole zhège dìbù, nǐ chī hòuhuǐyào yě méi yòng le.

この期に及んで後悔しても仕方がない。

我们临时工都羡慕那些捧着铁饭碗的人。

Wǒmen línshígōng dōu xiànmù nàxiē pěngzhe tiěfànwǎn de rén.

われわれパートタイマーは、安定した職がある人たちがうらやましい。

高富帅做为理想男性的代名词从十年前开始在中国流行。

Gāofùshuài zuòwéi lǐxiǎng nánxìng de dàimíngcí cóng shí nián qián kāishǐ zài Zhōngguó liúxíng.

中国では、理想の男性の条件を示す言葉"高富帅"は約10年前から使われている。

那个萌萌哒布娃娃供不应求。

Nàge méngméngdā bùwáwa gōngbúyìngqiú.

あの超かわいいぬいぐるみは品薄です。

这笔钱哪里去了，只有天知道。

Zhè bǐ qián nǎli qù le, zhǐ yǒu tiān zhīdao.

この金がどこに流れたのか、神のみぞ知るだ。

你不要因莫须有的事情而怨恨她。

Nǐ búyào yīn mòxūyǒu de shìqing ér yuànhèn tā.

あなたはありもしないことで彼女を恨んではいけない。

别假正经了，大家都知道你常常去酒吧喝酒。

Bié jiǎzhèngjing le, dàjiā dōu zhīdao nǐ chángcháng qù jiǔbā hē jiǔ.

まじめぶるなよ、君がよくバーで酒を飲んでいることはみんな知っているよ。

Review 7

今週学習した慣用句です。1週間の復習に役立ててください。
（　　）の中の数字は見出し語番号です。

□ 安定した職業	铁饭碗	tiěfànwǎn (387)
□ 言い争う	抬杠子	tái gàngzi (340)
□ 痛いところを突く	揭疮疤	jiē chuāngbā (355)
□ 一里塚	里程碑	lǐchéngbēi (369)
□ 威張る	摆架子	bǎi jiàzi (338)
□ 違法行為をする	闯红灯	chuǎng hóngdēng (366)
□ 後ろ盾	保护伞	bǎohùsǎn (371)
□ 援軍を求める	搬救兵	bān jiùbīng (368)
□ 落ち目	下坡路	xiàpōlù (374)
□ 追っかけ	追星族	zhuīxīngzú (385)
□ かこつける	做幌子	zuò huǎngzi (344)
□ 金持ちにたかる	吃大户	chī dàhù (357)
□ 神のみぞ知る	天知道	tiān zhīdao (390)
□ 空手形を出す	打白条	dǎ báitiáo (361)

☐ 気が合わない	不对劲	bú duìjìn (379)
☐ 気にしない	不在乎	bú zàihu (377)
☐ 厳しく叱られる	挨板子	ái bǎnzi (337)
☐ 許可する	开绿灯	kāi lǜdēng (367)
☐ 臭い物にふたをする	捂盖子	wǔ gàizi (343)
☐ 口出しする	插杠子	chā gàngzi (339)
☐ 警告する	亮黄牌	liàng huángpái (364)
☐ 幸運に恵まれる	走红运	zǒu hóngyùn (365)
☐ 後悔を癒やす薬	后悔药	hòuhuǐyào (386)
☐ 口実	挡箭牌	dǎngjiànpái (370)
☐ 断られる	碰钉子	pèng dīngzi (342)
☐ 三高男子	高富帅	gāofùshuài (388)
☐ 事故が起きる	出岔子	chū chàzi (350)
☐ 仕事を投げ出す	撂挑子	liào tiāozi (341)

Review 7

□ 人が混み合う	煮饺子	zhǔ jiǎozi (349)
□ 袋小路	死胡同	sǐhútòng (375)
□ 古傷を暴く	揭老底	jiē lǎodǐ (354)
□ 前置き	开场白	kāichǎngbái (376)
□ まじめぶる	假正经	jiǎzhèngjing (392)
□ 回りくどく言う	兜圈子	dōu quānzi (346)
□ 見下す	看不起	kànbuqǐ (382)
□ 無駄骨を折る	白费蜡	báifèilà (363)
□ 目立たない	不起眼儿	bù qǐyǎnr (380)
□ 申し分ない	没说的	méishuōde (383)
□ もったいぶる	卖关子	mài guānzi (348)
□ 問題が生じる	掉链子	diào liànzi (345)
□ よく焼きもちを焼く	爱吃醋	ài chī cù (356)
□ 利益を独り占めする	吃独食	chī dúshí (359)

东道主

dōngdàozhǔ

　春秋時代、秦の国と晋の国の連合軍が鄭の国を侵攻していたとき、国が滅びるという危機に直面した鄭の国の説客（弁舌や礼法に優れ、各地を巡って領主の外交政策などに影響を与えた人物）が秦王にこう進言しました。「秦と晋の連合軍に攻められた鄭が滅びるのは時間の問題です。しかし、3国の位置関係は西側から秦、晋、鄭となっており、たとえ鄭を滅ぼしたとしても晋がその領土を拡大するだけで、あなたにとって何も良いことはありません。その上、晋は東側の鄭の領土を手に入れたら、きっと西側の秦の領土も手に入れようとするはずです。鄭を東道の主人にしておき、秦の使者がそこを通過するときに、もてなしをさせた方が賢明です」。秦王は納得し、軍隊を撤退させました。

　このようなことから、"东道主 dōngdàozhǔ"（東道の主人）が「もてなし役」という意味で使われるようになり、「主催者、ホスト役」という意味に転じたそうです。

※慣用句の出自には諸説があります

→ "东道主 dōngdàozhǔ" の見出し語番号は373

キクタン中国語

巻末付録

● 類義語・反義語 Check!
● 覚えておきたい可能補語の慣用表現

1週目
2週目
3週目
4週目
5週目
6週目
7週目
巻末付録

類義語・反義語 Check!

次の慣用句の類義語または反義語として、最も適当なものを下のA～Cの中から選びましょう。慣用句の後の（　　）内の数字は見出し語番号です。

(1) 吹牛皮 (001) の 類
A. 吹大牛　　B. 犯牛劲　　C. 钻牛角
答え　A

(2) 露马脚 (004) の 類
A. 露头角　　B. 露破绽　　C. 下马威
答え　B

(3) 拍马屁 (005) の 類
A. 拍胸脯　　B. 轧马路　　C. 抬轿子
答え　C

(4) 夸海口 (029) の 類
A. 挑大梁　　B. 放大炮　　C. 随大溜
答え　B

(5) 赶潮流 (030) の 類
A. 踢皮球　　B. 闹情绪　　C. 赶浪头
答え　C

(6) 狗咬狗 (052) の 類
A. 打下手　　B. 拉一把　　C. 窝里斗
答え　C

(7) 砸饭碗 (060) の 類
A. 找饭碗　　B. 丢饭碗　　C. 吃独食
答え　B

(8) 吃闲饭 (062) の 類
A. 吃豆腐　　B. 吃老本　　C. 白吃饭
答え　C

(9) 开玩笑 (073) の 類
A. 逗闷子　　B. 打牙祭　　C. 开洋荤
答え　A

(10) 摆门面 (077) の 類
A. 讲排场　　B. 摆擂台　　C. 闭门羹
答え　A

(11) 惹乱子 (082) の 類
A. 乱弹琴　　B. 插杠子　　C. 捅娄子
答え　C

(12) 搞对象 (086) の 類
A. 够朋友　　B. 谈恋爱　　C. 唱双簧
答え　B

(13) 卖人情(090)の**類**
A. 卖关子　　B. 送人情　　C. 跑龙套　　　　　　答え　B

(14) 二百五(107)の**類**
A. 王老五　　B. 三只手　　C. 十三点　　　　　　答え　C

(15) 尝甜头(116)の**反**
A. 吃苦头　　B. 啃骨头　　C. 吃大户　　　　　　答え　A

(16) 发脾气(137)の**類**
A. 动肝火　　B. 发牢骚　　C. 爆冷门　　　　　　答え　A

(17) 没好气儿(143)の**類**
A. 没正形　　B. 碰运气　　C. 没好脸　　　　　　答え　C

(18) 有眉目(176)の**類**
A. 有头绪　　B. 有眼光　　C. 有来头　　　　　　答え　A

(19) 哭鼻子(178)の**類**
A. 碰钉子　　B. 抹鼻子　　C. 牵鼻子　　　　　　答え　B

(20) 耍贫嘴(179)の**類**
A. 说瞎话　　B. 嚼舌头　　C. 耍官腔　　　　　　答え　B

(21) 拉下脸(186)の**類**
A. 拉长脸　　B. 拉下马　　C. 拉下水　　　　　　答え　A

(22) 擦屁股(194)の**類**
A. 舔屁股　　B. 打屁股　　C. 揩屁股　　　　　　答え　C

(23) 抱粗腿(200)の**類**
A. 抱佛脚　　B. 抱不平　　C. 抱大腿　　　　　　答え　C

(24) 做手脚(201)の**類**
A. 费手脚　　B. 弄手脚　　C. 打水漂　　　　　　答え　B

(25) 死脑筋(210)の**類**
A. 死心眼儿　　B. 死胡同　　C. 伤脑筋　　　　　答え　A

類義語・反義語 Check!

(26) 厚脸皮 (211) の 類
    A.做鬼脸   B.唱红脸   C.二皮脸   答え C

(27) 眼中钉 (213) の 類
    A.红眼病   B.肉中刺   C.鬼门关   答え B

(28) 扣帽子 (229) の 反
    A.戴高帽   B.摘帽子   C.磨洋工   答え B

(29) 打头阵 (235) の 類
    A.打先锋   B.打掩护   C.打官司   答え A

(30) 喝倒彩 (256) の 類
    A.帮倒忙   B.开倒车   C.叫倒好儿   答え C

(31) 看风色 (284) の 類
    A.看风向   B.占上风   C.逞威风   答え A

(32) 耍花招 (295) の 類
    A.耍威风   B.玩花样   C.耍态度   答え B

(33) 炒鱿鱼 (319) の 類
    A.卷铺盖   B.开绿灯   C.烧高香   答え A

(34) 小算盘 (323) の 類
    A.小聪明   B.小九九   C.小汇报   答え B

(35) 连珠炮 (325) の 類
    A.连轴转   B.马后炮   C.机关枪   答え C

(36) 摆架子 (338) の 類
    A.官架子   B.没架子   C.拿架子   答え C

(37) 兜圈子 (346) の 類
    A.撂挑子   B.绕弯子   C.摆摊子   答え B

(38) 出岔子 (350) の 類
    A.出乱子   B.出点子   C.出份子   答え A

覚えておきたい可能補語の慣用表現

□	吃得服	chīdefú	食べ慣れている
□	吃不服	chībufú	口に合わない
□	吃得开	chīdekāi	通用する、顔が利く、歓迎される
□	吃不开	chībukāi	通用しない、歓迎されない
□	吃得来	chīdelái	（好きか嫌いかにかかわらず）食べられる
□	吃不来	chībulái	（食べ慣れないか口に合わなくて）食べられない
□	吃得消	chīdexiāo	耐えられる
□	吃不消	chībuxiāo	耐えられない
□	吃得着	chīdezháo	ありつける
□	吃不着	chībuzháo	ありつけない、ものがなくて食べられない
□	吃得住	chīdezhù	耐えられる
□	吃不住	chībuzhù	耐えられない
□	吃得准	chīdezhǔn	はっきりと把握できる、自信がある
□	吃不准	chībuzhǔn	はっきりと把握できない、自信がない
□	犯得上	fàndeshàng	～する必要がある
□	犯不上	fànbushàng	～する必要がない
□	犯得着	fàndezháo	～する必要がある
□	犯不着	fànbuzháo	～する必要がない
□	赶得上	gǎndeshàng	①追い付く、間に合う　②巡り合う
□	赶不上	gǎnbushàng	①追い付かない、間に合わない　②巡り合わない
□	跟得上	gēndeshàng	ついていける
□	跟不上	gēnbushàng	ついていけない
□	顾得上	gùdeshàng	構うことができる、考えられる
□	顾不上	gùbushàng	構っていられない、考えていられない
□	管得了	guǎndeliǎo	構うことができる、手に負える
□	管不了	guǎnbuliǎo	構い切れない、手に負えない
□	划得来	huádelái	割に合う
□	划不来	huábulái	割に合わない
□	禁得住	jīndezhù	持ちこたえられる
□	禁不住	jīnbuzhù	①持ちこたえられない　②思わず
□	看得上	kàndeshàng	気に入る

□ 看不上	kànbushàng	気に入らない
□ 看得过去	kàndeguòqu	①容認できる　②まずまず見られる
□ 看不过去	kànbuguòqu	①容認できない、見かねる　②見られたものではない

□ 惹得起	rědeqǐ	手出しできる、逆らえる
□ 惹不起	rěbuqǐ	手出しできない、逆らえない

□ 说得上	shuōdeshàng	～と言える
□ 说不上	shuōbushàng	～とは言えない、～と言うほどではない
□ 说得着	shuōdezháo	言う資格がある
□ 说不着	shuōbuzháo	言う筋合いではない
□ 说得过去	shuōdeguòqu	①筋道が立つ、申し開きが立つ　②まずまずである
□ 说不过去	shuōbuguòqu	筋道が立たない、申し開きが立たない

□ 谈得来	tándelái	話が合う
□ 谈不来	tánbulái	話が合わない
□ 谈得拢	tándelǒng	話がまとまる
□ 谈不拢	tánbulǒng	話がまとまらない

□ 听得进去	tīngdejìnqu	①耳障りではない　②聞き入れる
□ 听不进去	tīngbujìnqu	①耳障りである　②耳を貸さない

□ 想得出	xiǎngdechū	思いつく
□ 想不出	xiǎngbuchū	思いつかない
□ 想得通	xiǎngdetōng	納得できる
□ 想不通	xiǎngbutōng	納得できない
□ 想得开	xiǎngdekāi	あきらめられる、気にしない
□ 想不开	xiǎngbukāi	あきらめられない

□ 行得通	xíngdetōng	①通用する　②実行できる
□ 行不通	xíngbutōng	①通用しない　②実行できない

□ 巴不得	bābude	熱望する
□ 怪不得	guàibude	道理で、なるほど
□ 恨不得	hènbude	～できないのが残念である
□ 来不得	láibude	あってはならない、してはならない
□ 了不得	liǎobude	①すごい　②すばらしい　③大変である
□ 舍不得	shěbude	①離れがたい　②～するのがもったいないと思う
□ 由不得	yóubude	①思い通りにならない　②思わず

索引

[中国語]
見出し語をピンイン順に並べました。配列の順序は《現代漢語詞典》を参考にしています。各語の右側の数字は見出し語番号で、細字の数字はその見出し語番号の例文に出てきたものです。

[日本語]
見出し語の主な日本語訳を、品詞にかかわらず五十音順にまとめました。各語の右側の数字は見出し語番号です。

改訂版　聞いて覚える中国語単語帳

キクタン

中国語
【慣用句編】
中級レベル

発行日　2024年7月19日（初版）

著者　邱 奎福
　　　早稲田大学大学院日本語・日本文化専攻博士課程修了。法政大学・東洋大学・東京理科大学非常勤講師。 主な著書に『イラストで学ぶ中国語量詞ハンドブック』『出題形式で学ぶ ゼロから始めて中国語検定試験準4級に合格するための本』『起きてから寝るまで中国語表現超入門』（アルク）がある。

編集　株式会社アルク 出版編集部
編集協力　古屋順子
校正　本間 史
アートディレクター　細山田光宣
デザイン　柏倉美地（細山田デザイン事務所）
ナレーション　姜 海寧、菊地信子
音楽制作・編集　Niwaty
録音　トライアンフ株式会社
DTP　株式会社創樹
印刷・製本　萩原印刷株式会社

発行者　天野智之
発行所　株式会社アルク
〒141-0001 東京都品川区北品川6-7-29 ガーデンシティ品川御殿山
Website：https://www.alc.co.jp/

・落丁本、乱丁本は弊社にてお取り替えいたしております。
　Webお問い合わせフォームにてご連絡ください。
　https://www.alc.co.jp/inquiry/

地球人ネットワークを創る

アルクのシンボル
「地球人マーク」です。